Feuerwehr

PODSZUN

Verlag Walter Podszun
Bahnhofstraße 9, D-59929 Brilon
Herstellung Druckhaus Cramer, Greven
ISBN 3-86133-160-8

Titelfotos: **Hasemann/Rosenbauer** (oben links), **Manfred Gihl** (oben rechts), **Ralf Weinreich** (unten rechts), **Bernd Regenberg** (unten links); Fotos auf den Seiten 1 und 144: **Hasemann/Rosenbauer;** Foto auf dem Rücktitel: **Dieter Hasemann**

Jahrbuch 1997 Feuerwehrfahrzeuge

Liebe Leserin, lieber Leser!

Während der Personenwagen in den ersten zwanzig Jahren seiner Entwicklung große Erfolge einfuhr, und auch Omnibusse und Lastwagen zunehmende Verbreitung fanden, war der Einsatz von Feuerwehrfahrzeugen mit Benzinmotor noch umstritten. In einer Denkschrift weist ein Sachverständiger noch 1906 darauf hin, daß die große Feuergefährlichkeit des Benzins die Verwendung von Explosionsmotoren im Löscheinsatz ausschließt. Aber dann hat der Benzinmotor im Löscheinsatz freie Fahrt: Die Daimler-Benz AG kommt in ihrer 1956 erschienenen "Chronik" zu dem Ergebnis: "Das Jahr 1907 kann als der Beginn von Lieferungen vollmotorisierter Feuerlöschgeräte angesehen werden."

Eine sehenswerte Auswahl historischer Feuerwehrfahrzeuge der Vorkriegszeit präsentiert der Nutzfahrzeugkenner Ralf Weinreich aus Halle an der Saale, und der in Feuerwehrkreisen wohlbekannte Buchautor Udo Paulitz zeigt u.a. aus seinem Archiv seltene Feuerwehrfahrzeuge der Nachkriegsepoche.

Zwei umfassende Dokumentationen stammen aus der Feder des namhaften Autors Dieter Hasemann: Über die Entwicklung der hohen Drehleitern und die MAN-Flugplatzlöschfahrzeuge. Den Opel Blitz-Feuerwehrfahrzeugen nahm sich Opel-Kenner Alexander Schmitz an.

Neubeschaffungen erläutert der Hamburger Branddirektor a.D. und renommierte Buchautor Manfred Gihl, und der Frankfurter Polizist Achim Schmidt beschreibt den Fahrzeugpark einer Kleinstadt.

Gehört die Ansprache anläßlich der Weihe eines Feuerwehrfahrzeugs in dieses Jahrbuch? Uns hat der ungewöhnliche Gehalt der Ansprache des weit über seine westfälische Heimat hinaus bekannten Monsignore Dr. Wilhelm Kuhne (ehemaliger Rektor der Landvolkshochschule Hardehausen) überzeugt.

Herzlich bedanken möchten wir uns an dieser Stelle bei allen Autoren und Bildgebern dieser Ausgabe. Die Bildgeber sind bei den Abbildungen genannt, nicht namentlich gekennzeichnete Abbildungen wurden von den jeweiligen Autoren zur Verfügung gestellt.

Ihnen, liebe Leserin, lieber Leser, wünschen wir viel Freude mit dem Jahrbuch und nicht vergessen: Die Ausgabe 1998 ist ab 1. Oktober 1997 erhältlich und – soviel möchten wir schon verraten – enthält einen ausführlichen Bericht mit herrlichen Abbildungen von Siegfried Bossack über das sächsische Feuerwehrmuseum Zeithain. Falls Sie selbst einmal für das Jahrbuch zur Feder greifen möchten, seltenes Bildmaterial zur Verfügung stellen können, Kritik oder Verbesserungsvorschläge anbringen möchten, rufen Sie uns einfach an: 02961-53213. Wir freuen uns auf das Gespräch mit Ihnen!

Ihr Redaktionsteam
"Jahrbuch Feuerwehrfahrzeuge"

P.S.

Selbstverständlich können Sie das Jahrbuch auch in Buchhandlungen oder direkt beim Verlag abonnieren. Hingewiesen sei auf weitere Feuerwehrliteratur unseres Verlages: Lieferbar ist noch die erste Ausgabe (1996) dieses Jahrbuches und das bereits in zweiter Auflage erschienene Buch "Deutsche Feuerwehrfahrzeuge aller Zeiten". Wenn Sie an weiterer Fahrzeug-Literatur interessiert sind, fordern Sie unseren umfassenden Katalog mit Lastwagen-, Traktoren-, Motorrad- und Autobüchern an, der Ihnen sofort kostenlos und unverbindlich zugeschickt wird!

Neubeschaffungen 1995/96

von Manfred Gihl

Oben: **Einsatzleitwagen ELW 1 der FF Glinde. Nissan Terrano 2,7 l - Turbo-Diesel, 74 kW. Baujahr 1995. Seitenstreifen in gelber reflektierender Folie aufgeklebt.**
Unten: **Dieses Dienstfahrzeug der BF Essen ist z. Z. einmalig bei einer deutschen Feuerwehr. Der VW Golf „City Stromer" wird nämlich von einem Elektromotor, Nenn(dauer)-leistung 12 kW, angetrieben. Der Elektromotor bezieht seine Energie aus zwei wartungsfreien Blei-Säure-Batterien, die im Kofferraum bzw. unter der Motorhaube untergebracht sind. Ihre Nennkapazität beträgt 100 Ah bei einer Nennspannung von 96 Volt. Die Reichweite je Batterieladung liegt bei reinem Stadtverkehr bei 50 km. Die Höchstgeschwindigkeit beträgt 100 km/h.**

Oben: **Keinen genormten Schlauchwagen, sondern einen Schlauchtransportwagen stellt dieser LKW mit Sonderaufbau von Harms und Ladebordwand von Bär dar, der seit 1995 bei der Kreisfeuerwehrzentrale Pinneberg stationiert ist. Fahrgestell Scania 93 M, Motorleistung 162 kW bei 2200/min, zul. Gesamtgewicht 17500 kg.**
Unten: **Das teuerste Wechselladerfahrzeug der BF Hamburg: nicht wegen des Trägerfahrzeugs, eines Scania PM 6x2, 184 kW bei 2200/min, sondern wegen des Inhalts des Abrollbehälters „Spüren + Messen", der ein mobiles Massenspektrometer von Bruker-Franzen enthält. Hersteller des Abrollbehälters: Schall, Merzenich-Düren, Einbauten: Weidelt Systemtechnik, Bremen. Baujahr des Trägerfahrzeugs und des Abrollbehälters: 1995.**

Oben: **Für den Brandschutz im neuen Hamburger Elbtunnel (der am 10.1.1975 eröffnet wurde) ist die Bundesstraßenverwaltung, Land Hamburg, Abteilung Tunnelbetrieb zuständig. Im Frühjahr 1996 wurde die 3. Generation von „Tunnellöschfahrzeugen“ in Dienst genommen. Zwei ULF 30/200/35-750 versehen seither den Dienst am Elbtunnel. Fahrgestell MB 1424, Aufbau Rosenbauer. Löschtechnische Einrichtungen: FP 30/8, 2000 l Wasser, 350 l Schaummittel, 750 kg Pulver. Außerdem ist ein 20 kVA-Generator eingebaut.**
Unten: **Die Deutsche Shell AG, Raffineriezentrum Harburg, erhielt 1996 ein GTLF 40/50/50 von Rosenbauer. Das Fahrgestell Mercedes-Benz 2538 AK 6x2/4 besitzt zwei lenkbare Vorderachsen. Zul. Ges.gew. 26000 kg. Löschtechnische Einrichtungen: FP 40/10, Deltamatic, 5000 l Wasser, 5000 l AFFF, Monitor Alco RM 60 E.**

Oben und unten: **Die Werkfeuerwehr der BASF in Ludwigshafen erprobt z.Z. den „Turbo-Löscher", ein Löschfahrzeug mit Flugzeug-Triebwerken. Auf dem geländegängigen MAN-Fahrgestell Typ X 43 (6x6) hat Zikun Fahrzeugbau, Riegel, zwei Alpha Jet-Triebwerke montiert. In deren Abgasstrahl wird Löschwasser eingeleitet und fein verstäubt. Die Triebwerksteuerung stammt von der BMW Rolls Royce GmbH. Die Löschversuche werden vom Institut der Feuerwehr (IdF) in Heyrothsberge wissenschaftlich betreut. Die erste Präsentation fand am 26. April 1996 statt.**

Oben: **Löschgruppenfahrzeug LF 16/12 der BF Freiburg, Baujahr 1995. Mercedes-Benz 1224 AF, Aufbau Ziegler.**
Unten: **Allen Unkenrufen zum Trotz, daß das genormte Tanklöschfahrzeug vom Typ TLF 16/25 tot sei: es wird weiterhin verlangt. Hier das neue TLF 16/25 der BF Freiburg, Baujahr 1996. Mercedes-Benz 1224 AF, Aufbau Ziegler. Die Türbeschriftung fehlt noch!**

Oben: **Tanklöschfahrzeug TLF 16/25 der FF Tostedt, geliefert 1994. Iveco Magirus EuroFire 135 E 22 (4x4). Man beachte den Blaulichtblitzbalken von W+G.**
Unten: **Rüstwagen RW 2 der FF Buxtehude, Baujahr 1995. Iveco Magirus EuroFire 135 E 22 (4x4).**

Oben: **Löschgruppenfahrzeug LF 16/12 der FF Winsen, Baujahr 1994. Iveco Magirus EuroFire 135 E 22 (4x4). Normaldruck-Hochdruck-Pumpe Typ P 5 16 H (FP 16/8-2,5/40).**
Unten: **Tanklöschfahrzeug TLF 24/50 der FF Fulda, 1996 in Dienst gestellt. Das Fahrgestell: MAN 19.342 FA. Der Aufbau stammt vom Doll Fahrzeugbau, Oppenau, die Feuerlösch-Kreiselpumpe FP 24/8 von Godiva.**

Oben: **Die FF Petersberg erhielt 1995 ein Löschgruppenfahrzeug LF 16/12 auf Iveco Magirus Eurofire-Fahrgestell 135 E 22 (4x4), das in mehrfacher Hinsicht bemerkenswert ist. Es besitzt am Heck einen Lichtmast und führt zwei Camiva-Schlauchhaspeln mit. Außerdem ist eine Normaldruck-Hochdruck-Pumpe Typ P 5 16 H (FP 16/8-2,5/40) eingebaut. Schließlich sei auf die Beschriftung mit grüner (nicht-reflektierender) Folie hingewiesen.**
Unten: **Die BF Erfurt beschaffte 1995 ein LF 24/40/5 von Ziegler, aufgebaut auf Mercedes-Benz 1838 AK 6x2/2 mit gelenkter Nachlaufachse von Hüffermann. Die Ziegler-Kreiselpumpe Typ 24/8-1 HH ist eine kombinierte Normaldruck-Hochdruck-Pumpe. Das LF 24 führt 4000 l Löschwasser und 500 l Schaummittel mit. 2 Camiva-Haspeln, Lichtmast 4x1000 Watt.**

Oben: **Das Hilfeleistungstanklöschfahrzeug HTLF 1 der BF Osnabrück wurde 1995 von Schlingmann gebaut. Der Löschwassertank faßt 2900 Liter. Die Feuerlösch-Kreiselpumpe von Rosenbauer Typ NH 30 ist eine kombinierte Normaldruck-Hochdruckpumpe.**
Unten: **Für die Freiwilligen Feuerwehren des Landes Thüringen wurde das Kleinlöschfahrzeug KLF-Th (ähnlich dem TSF) entwickelt. Aus der Landesbeschaffung erhielt die FF Neudietendorf 1995 dieses KLF, dessen Basis ein Mercedes-Benz 314 („Sprinter") ist.**

Oben: **Wechselladerfahrzeug mit Abrollbehälter „Mulde“ der BF Duisburg. Das Trägerfahrzeug, ein Mercedes-Benz 917 AK mit Wechselladereinrichtung von Meiller, wurde 1996 in Dienst genommen. Es ist eine Rotzler Treibmatic TR 030 eingebaut.**
Unten: **Der Flughafen Köln-Bonn besitzt seit 1995 einen der höchsten Gelenkmasten in Deutschland: den Bronto Skylift F 52 HDT. Fahrgestell Mercedes-Benz 3544 K 8x8/4 mit zwei Lenkachsen vorn. Ziegler vervollständigte den Aufbau. Die größte Fahrzeughöhe beträgt 3950 mm.**

Die BF Duisburg hat zahlreiche bemerkenswerte Fahrzeuge zu bieten. Dieser 1996 gelieferte „AB Rüst-Schiene" gehört zweifellos dazu. Er ist für Hilfeleistungen im Bereich der teilweise unterirdisch verlaufenden Duisburger Straßenbahn bestimmt und wird als Abrollbehälter zum Einsatzort gefahren, dort aufgegleist, um mit eigener Kraft (Motor: MB OM 364, 59 kW bei 1600/min) auf der Schiene weiterzufahren. Die Technik stammt von Bucher-Schörling. Das Trägerfahrzeug MAN 27.365 VFAE ist seit 1984 im Dienst.

Oben: **Die Flugfeldlöschfahrzeuge Z 8 von Ziegler sind inzwischen auf mehreren deutschen Flughäfen stationiert. Dieses FLF erhielt 1996 der Flughafen Erfurt (der erste Z 8 wurde 1995 geliefert). Fahrgestell MAN 38.1000 VFAEG (8x8). Es führt 13500 l Löschwasser und 1600 l Schaummittel mit. Die Feuerlösch-Kreiselpumpe ist vom Typ FP 60/10-2ST.**
Unten: **Der Flughafen Düsseldorf stellte 1995 sein erstes Flugfeldlöschfahrzeug Typ „Panther" in Dienst. Das von Rosenbauer gebaute GFLF 11500/500 führt außer 11500 l Löschwasser und 500 l Schaummittel noch 2x250 kg Pulver mit. Verwendet wurde das Fahrgestell MAN 38.1000 VFAEG (8x8). Der MAN V12-Dieselmotor leistet 735 kW. Die Pumpe R 600 (FP 60/12) wird von einem separaten Dieselmotor, Leistung 229 kW, angetrieben. Im Gegensatz zu den Vorgängermodellen des Panther besitzt dieser erstmals Schwingtüren statt Drehtüren.**

Neuer Rüstwagen für die Feuerlöschpolizei Düsseldorf

Veröffentlicht von Baurat Dr. Ing. Kuchtner in der Zeitschrift "Feuerschutz" Nr. 1 von 1937

"Ausgegraben" und überarbeitet von Udo Paulitz

Beim Entwurf des neuen Rüstwagens war der zunehmenden Inanspruchnahme der Feuerwehr zur Hilfeleistung bei Verkehrsunfällen Rechnung zu tragen. Neben einer reichlichen Ausstattung mit Geräten aller Art erhielt der Wagen deshalb auch einen Kran zum Heben schwerer Lasten. Für das schwierige Problem, ein automobiles Fahrzeug mit einem leistungsfähigen Kran zu versehen, ohne den Laderaum des Wagens zu stark zu beschneiden, wurde eine neue Lösung gefunden, die nachstehend beschrieben werden soll.

Nach den Plänen der Feuerwehr Düsseldorf geschah der Entwurf des Wagens durch die Firma Metz/Karlsruhe nach dem Grundsatz, daß alle Geräte und Einrichtungen einschließlich Kran auf einem Fahrzeug unterzubringen sind. Von der Idee eines eigenen Kranwagens wurde Abstand genommen, da ein solches Fahrzeug zu teuer zu stehen käme, und es auch wünschenswert ist, daß Kran und Rüstwagen immer gleichzeitig zur Stelle sind. Ebenso wurde eine Verteilung der Last auf mehrere Fahrgestelle, auch wenn diese eine Einheit bilden, wie z. B. auf Zugwagen und Anhänger, verworfen, da dadurch die Beweglichkeit des Wagens leidet. Trotzdem sollte der Wagen, ohne die für den Stadtverkehr zulässigen Abmessungen zu überschreiten, mit al-

Der Rüstkranwagen in einer von der Firma Daimler-Benz erstellten Aufnahme

lem notwendigen Gerät, mit einer ausreichenden Mannschaft und einem Kran ausgerüstet sein, dessen Leistungsfähigkeit den Einsatz lohnt. Es ist klar, daß der Angelpunkt für die Lösung dieser Aufgabe in der Krankonstruktion zu suchen ist.

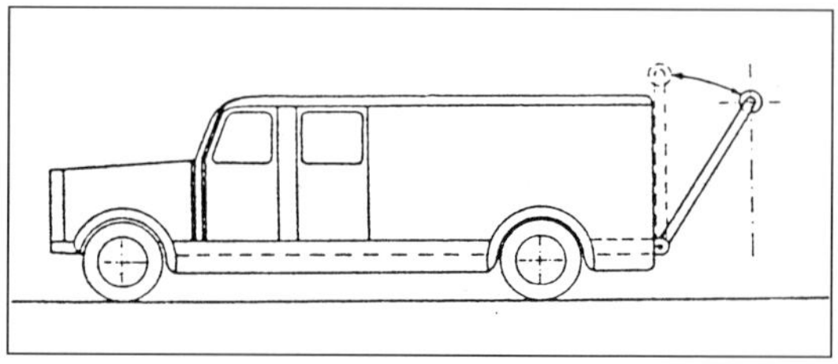

Abb. 1

I. Krankonstruktion

Um von ausreichender Leistungsfähigkeit eines solchen Krans sprechen zu können, muß verlangt werden, daß seine Tragkraft, die Ausladung und die Hubhöhe genügen, ein schweres, handelsübliches Straßenfahrzeug – etwa einen Fünf-Tonnen-Lastkraftwagen – damit wenigstens einseitig anheben zu können. Dies bedingt eine Tragkraft des Krans von 4 bis 5 t, eine Hubhöhe von etwa 3 m und eine Ausladung

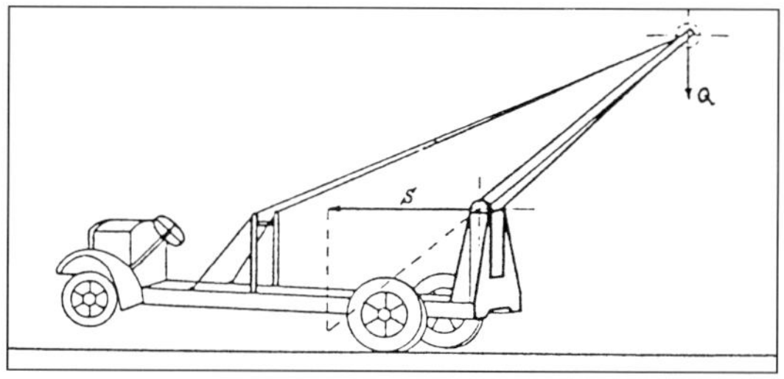

Abb. 2

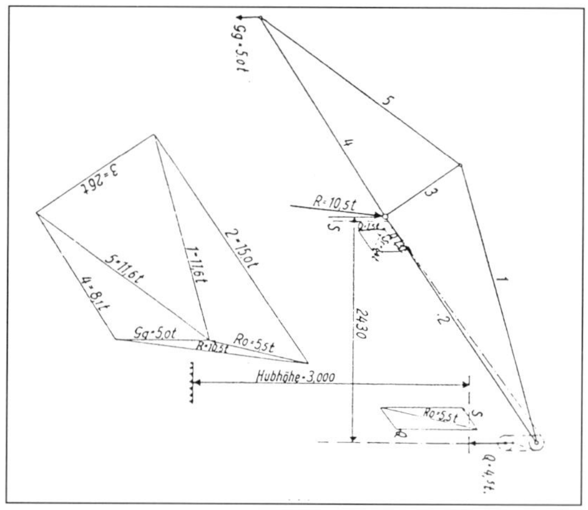

Abb. 4

Abb. 5: Blick auf das Heck des Rüstkranwagens von oben mit der 4,5-t-Krananlage in Fahrstellung. Der Demag-Elektrozug befindet sich in dem durch Rolladen verschlossenem Geräteraum unterhalb des Kranes (Werksaufnahme Daimler-Benz)

von über 2 m. Heben, Senken und Stillstand der Last müssen bequem und sicher zu beherrschen sein. Der Kran darf mit dem Wagenaufbau nicht zusammenhängen, da sonst schädliche Rückwirkungen unvermeidlich sind. Weiter ist darauf zu achten, daß die Gerätemagazine möglichst wenig von schräg laufenden Kranstreifen, die den Laderaum beeinträchtigen, durchdrungen werden. Schließlich war noch erwünscht, daß die Zugkraft des Krans auch in waagerechter Richtung angesetzt werden kann.

Abb. 7: Elektrowinde mit Seilführung und Handkurbel zum Absenken der Stützrollen
(Aufnahme BF Düsseldorf)

Die Erfahrungen, die mit ähnlichen Fahrzeugen bereits gemacht wurden, lehren, daß der Kran am besten an der Rückseite des Wagens angebracht wird, und zwar so, daß sein Arm in der Arbeitsstellung eine rückwärtige Verlängerung des Wagens bildet. Da der Kran in der Ruhelage die Abmessungen des Wagens nicht überschreiten soll, muß der Ausleger einziehbar sein. Der nächstliegende Weg hierfür, den Ausleger lotrecht am Rahmenende mit einem Gelenk zu befestigen, und ihn bei Bedarf nach Art eines Ladebaumes auszuschwenken, hat den Nachteil, daß die Länge des Auslegers und damit die Hubhöhe des Krans durch die Wagenhöhe begrenzt sind, und daß weiter das Arbeitsfeld des Krans durch den schrägen Balken stark beschnitten wird (Abb. 1).

Günstigere Verhältnisse ergeben sich in dieser Hinsicht, wenn der Ausleger in der Höhe des Daches an der Wagenrückwand angelenkt wird und in der Ruhestellung auf das Dach zu liegen kommt. Zur Länge des Auslegers, die entsprechend der Wagenlänge bemessen werden kann, addiert sich dann die Wagenhöhe, so daß auf diese Weise bequem eine Hubhöhe von 3 m erreichbar ist. Außerdem läßt der gebrochene Linienzug: Wagenrückwand – Ausleger den Hubraum für den Kranhaken zum großen Teil frei. Da bei dieser Anordnung der Stützpunkt für den Ausleger aber ziemlich hoch liegt, fällt es schwer, die Kräfte bzw. Momente, die die am Ausleger wirkende Last auslöst, aufzunehmen. Bei verschiedenen Ausführungen dient hierzu ein starkes Portal, das am Wagenende auf den Rahmen aufgesetzt und mit diesem fest verbunden ist. Abspannseile, die weiter vorne am Rahmen verankert sind, halten den Ausleger in der Arbeitsstellung fest. Abb. 2 zeigt schematisch diese Lösung und die Kräftezerlegung im Stützpunkt.

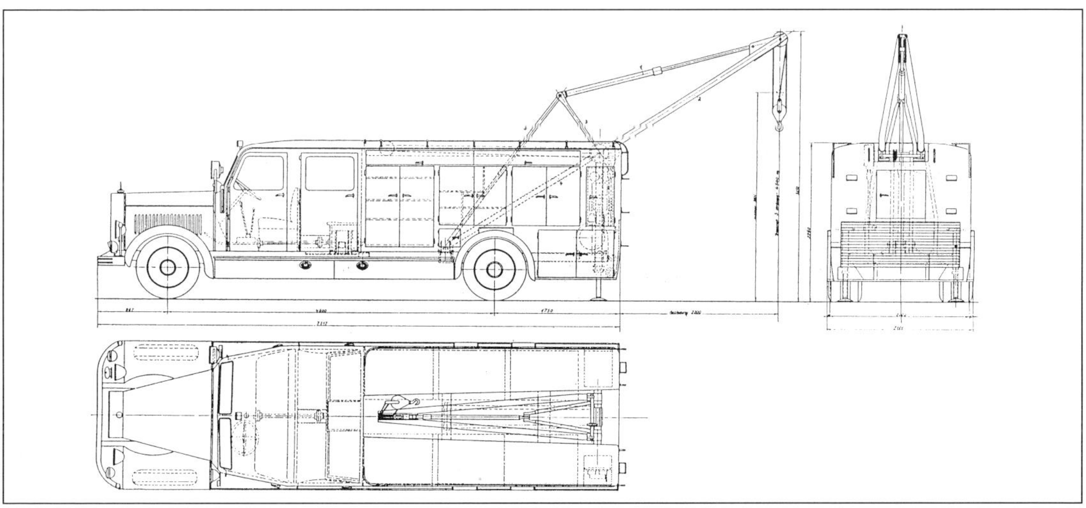

Abb. 3

Abb. 6 (oben): Heckaufnahme des RKW mit ausgeschwenktem Kranausleger. Darunter ist der Demag-Elektrozug (Winde) erkennbar (Werksaufnahme Daimler-Benz)

Abb. 8 (unten): Belastungsprobe der installierten 4,5-t-Krananlage auf dem Fahrzeugchassis auf dem Werkhof der Firma Metz/Karlsruhe (Werksaufnahme Metz)

Es ergibt sich dabei, wie man sieht, eine große waagerechte Komponente S im Stützpunkt, die für das Kranfußgestell eine schwere und umfangreiche Eisenkonstruktion erforderlich macht, wodurch der Wagen stark belastet wird.

Der notwendige Aufwand für das Kranpostament wird um so geringer werden, je kleiner diese waagerechte Komponente ist. Das Ziel muß deshalb sein, den waagerechten Schub im Stützpunkt auszuschalten, was durch die in Abb. 3 dargestellte Anordnung möglich ist.

Bei diesem von der Feuerlöschpolizei Düsseldorf entworfenen Wagen wird der Kranausleger durch zwei Teleskoprohre (1) und (5) gehalten, die an der Schwinge (3) angelenkt sind. Die Umlenkung der Kraft über die Schwinge (3) ergibt im Drehpunkt des Krans eine Komponente, die dem waagerechten Schub des Auslegers entgegenwirkt und ihn nahezu aufhebt. Im Kräfteplan, Abb. 4, sind die Stabspannungen für eine Last von 4,5 t bei einer Ausladung von 2,43 m ermittelt.

Der resultierende Lagerdruck (R) im Drehpunkt des Auslegers verläuft dabei, wie man sieht, nahezu senkrecht. Man erhält also auf diese Weise eine sehr günstige Beanspruchung des Lagerbockes in der Lotrechten, die durch eine verhältnismäßig leichte Tragkonstruktion aufgenommen und mit Hilfe von Stützspindeln direkt zur Erde abgeleitet werden kann. Eine Versteifung dieser Tragkonstruktion in der Wagenlängsrichtung ist nur in geringem Umfang notwendig; sie kann auf die Mittelebene des Wagens zusammengedrängt werden, so daß die Magazine, deren Zugänglichkeit von beiden Seiten besonders wichtig ist, vom Kran nur wenig beeinflußt werden.

Die Schwinge (3) ist auf der Achse des Auslegers für sich drehbar gelagert und so ausgebildet, daß sie zwischen den Holmen des dreieckförmigen Auslegers Platz findet. Wird der Ausleger auf das Dach umgeklappt, so bilden Ausleger und Schwinge eine Ebene und verschwinden gemeinsam in einer entsprechenden Aussparung des Daches.

Der günstige Kraftfluß gestattet bei diesem Kran, die beweglichen Teile so leicht zu halten, daß das Aus- und Einschwenken keine Schwierigkeiten macht. Es dient dazu, ein von der Wagenbatterie gespeistes elektrisches Triebwerk, das den Krank in 30 Sek. aus der Ruhelage in die Arbeitsstellung und ebenso zurück bringt, wozu die Betätigung eines Druckknopfes genügt.

II. Das Windwerk

Spill oder Winde? Diese Frage wurde zugunsten einer Seilwinde entschieden. Dabei war allerdings vorausgesetzt, daß es gelingt, eine für diese Zwecke geeignete Winde zu finden, die die Nachteile des Spills, schwer zu beherrschendes Senken der Last und unsichere Seilführung, vermeidet. Eine Windenart, die restlos allen Anforderungen genügt, bilden die für die verschiedensten Zwecke entwickelten elektrischen Züge, z. B. der Demag-Zug. Diese Winden sind elektrisch umsteuerbar, heben und senken also die Last gleichmäßig und besitzen selbsttätige Bremsen, so daß die Last in jeder Lage angehalten werden kann. Durch eine zwangläufige Seilführung ist

Abb. 9: Erprobung der Elektrowinde auf dem Hof der Düsseldorfer Hauptfeuerwache Hüttenstraße
(Aufnahme BF Düsseldorf)

DAIMLER-BENZ AKTIENGESELLSCHAFT

Drahtanschrift: Daimlerbenz Gaggenaumurgtal / Fernruf: Gaggenau Sammelnummer 341

Gaggenau in Baden

BANK-KONTEN:

Deutsche Bank und Disconto-Gesellschaft, Berlin, Stuttgart, Mannheim
Commerz- und Privat-Bank Filiale Stuttgart
Dresdner Bank, Filiale Stuttgart
Bank der Deutschen Arbeit A.-G., Niederlassung Stuttgart
Reichsbank-Giro-Konto Stuttgart
Städt. Girokasse Stuttgart
Postscheckamt Stuttgart Nr 470

An den
Herrn Oberbürgermeister
als Ortspolizeibehörde
(Feuerlöschpolizei),

D Ü S S E L D O R F 102,
Münsterstrasse 15.

Ihr Zeichen	Ihre Nachricht vom	Unser Zeichen Bitte in der Antwort wiederholen	Gaggenau, den
Tageb.Nr.57/485/1935 Mü/VI.		VSF.BR/HE	25.1.1936.

Betrifft: Bitte in der Antwort wiederholen

Unsere Verkaufsstelle Düsseldorf übermittelte uns Ihren Auftrag auf Lieferung eines

MERCEDES-BENZ-RÜSTWAGENS

auf Feuerwehr-Spezial-Fahrgestell mit 55oo kg. Rahmentragfähigkeit und einem Sechszylinder-Vergasermotor von 95 PS.-Leistung sowie einem feuerwehrtechnischen Aufbau nach Zeichnung 26 457 zum Gesamtpreis von

	RM 2o.95o.--
Hierzu wurden noch Zubehörteile im Gesamtbetrage von	" 1.253.--
einschliesslich Ueberführungskosten bestellt, sodass sich ein Gesamtpreis für das Fahrzeug von	RM 22.2o3.--

ergibt.-

Wir bestätigen weiter die in Ihrem Bestellschreiben angegebenen Ausführungsarten für den Gleichstrom-Generator, den schwenkbaren Kran und den eingebauten dreisträngigen DEMAG-Zug Type K 30.

Ferner wird der Siemens-Motorkugelwecker, das Martin-Feuerwehr-Signalhorn, der Scheinwerfer, die Winker und die Sucher in der von Ihnen gewünschten Form vorgesehen. Sämtliche Fenster und die Windschutzscheibe werden splitterfrei verglast, die Trittbretter werden mit grauschwarzem Gummi belegt. Blanke Teile befinden sich nicht an dem Fahrzeug.

-2-

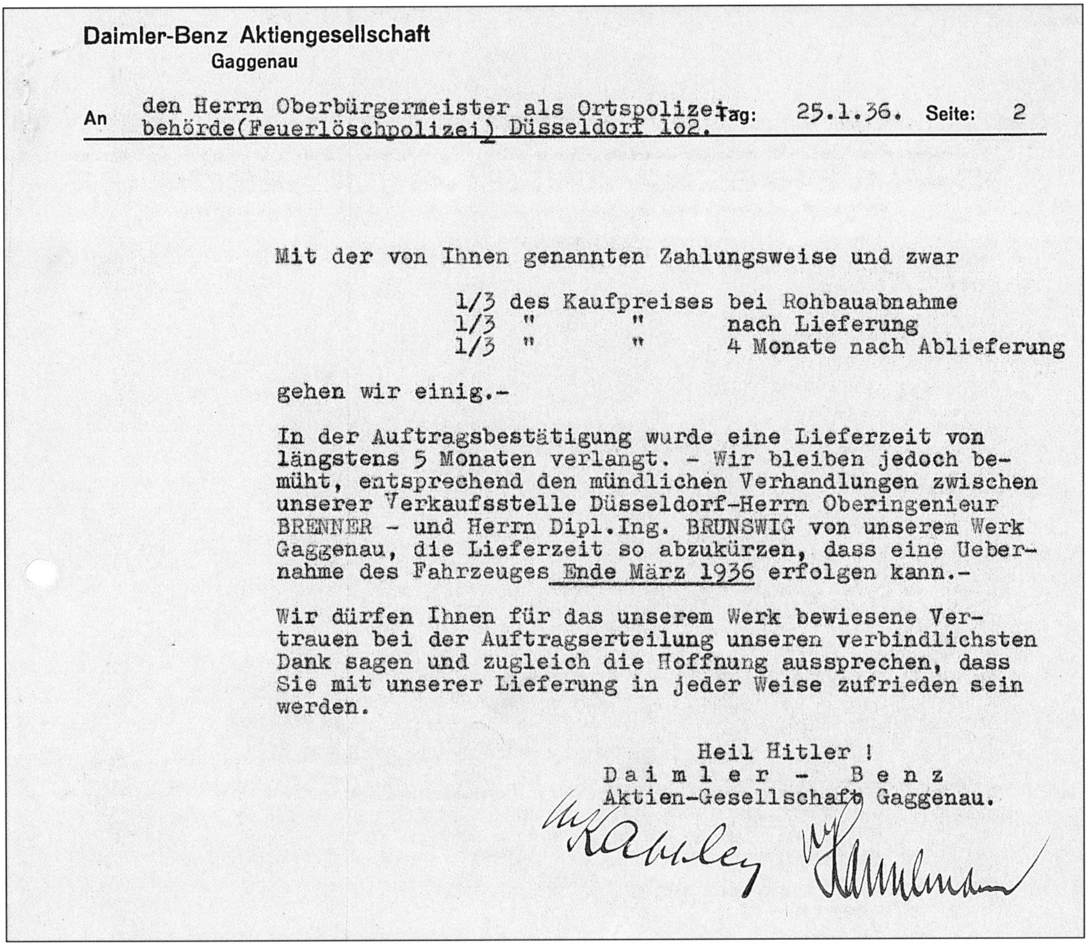
Daimler-Benz Aktiengesellschaft
Gaggenau

An den Herrn Oberbürgermeister als Ortspolizeibehörde(Feuerlöschpolizei) Düsseldorf 1o2.

Tag: 25.1.36. Seite: 2

Mit der von Ihnen genannten Zahlungsweise und zwar

1/3 des Kaufpreises bei Rohbauabnahme
1/3 " " nach Lieferung
1/3 " " 4 Monate nach Ablieferung

gehen wir einig.-

In der Auftragsbestätigung wurde eine Lieferzeit von längstens 5 Monaten verlangt. - Wir bleiben jedoch bemüht, entsprechend den mündlichen Verhandlungen zwischen unserer Verkaufsstelle Düsseldorf-Herrn Oberingenieur BRENNER - und Herrn Dipl.Ing. BRUNSWIG von unserem Werk Gaggenau, die Lieferzeit so abzukürzen, dass eine Uebernahme des Fahrzeuges Ende März 1936 erfolgen kann.-

Wir dürfen Ihnen für das unserem Werk bewiesene Vertrauen bei der Auftragserteilung unseren verbindlichsten Dank sagen und zugleich die Hoffnung aussprechen, dass Sie mit unserer Lieferung in jeder Weise zufrieden sein werden.

Heil Hitler !
D a i m l e r - B e n z
Aktien-Gesellschaft Gaggenau.

Die Auftragsbestätigung für den Rüstkranwagen

außerdem dafür gesorgt, daß auch bei schlaffem Seil keine Verwirrung eintritt. Vorteilhaft ist ferner die Begrenzung des Hubes durch selbsttätige Endschalter.

Die Ermittlungen ergaben, daß eine solche Winde verwendbar ist, ohne daß im Vergleich zu einer vom Wagenmotor mechanisch angetriebenen Winde eine stärkere Belastung des Wagens oder ein übermäßiges technisches Aufgebot in Kauf genommen werden müßte. Die Wahl fiel auf einen elektrischen Demag-Zug, Type K 30, der dreisträngig 4 500 kg trägt bei einem Hakenweg von 5,6 m.

Der verfügbare Seilvorrat, der allenfalls einsträngig mit einer Zugkraft von 1,5 t genutzt werden kann, beträgt 17 m. Diese Winde erfordert eine Antriebsleistung von 4,5 Kilowatt, die durch einen vom Wagenmotor getriebenen Starkstromgenerator (220 Volt Gleichstrom) erzeugt wird, der gleichzeitig auch eine willkommene Stromquelle für Scheinwerfer und verschiedene elektrische Werkzeuge darstellt. Obwohl der Generator sicherheitshalber für 6,5 Kilowatt ausgelegt wurde, fand er doch noch gut unter der Sitzbank im Mannschaftsraum Platz (s. Abb. 3). Der Spannungsabfall beim

Anheben der Last läßt sich durch einen Generator mit Verbundentwicklung genügend einschränken. Dynamo und Winde arbeiten dann sehr gut zusammen, so daß der elektrische Antrieb dem mechanischen unbedingt vorzuziehen ist. Die Steuerung der Winde geschieht mit einem Regler, der für das Heben vier und das Sen-ken drei Schaltstufen zuläßt (s. Abb. 10).

Die eingebaute elektrische Winde ist in Abb. 7 zu sehen. Abb. 8 zeigt den Kran bei der Belastungsprobe mit der Nennlast von 4 500 kg. Die Gleichgewichtsbedingungen des Wagens werden bei dieser Belastung noch hinreichend erfüllt, denn es konnte selbst beim leeren Wagen noch ein Vorderachsdruck von 270 kg gemessen werden.

Daß die elektrische Winde auch für waagerechten Zug verwendbar ist, geht aus Abb. 9 hervor. Einfache Verschlüsse gestatten, die Oberflasche des Krans abzunehmen und sie in der Zugöse am Wagenende zu befestigen. Das sich so ergebende Seildreieck bewirkt, daß der Wagen nach abwärts auf den Boden gedrückt wird und damit an Standfestigkeit gewinnt. Es können so schwere Lasten über den Boden geschleift werden. Der Ein- und Ausbau der Oberflasche läßt sich leicht von dem begehbaren Dach aus bewerkstelligen, wozu der Ausleger etwas angehoben wird (s. Abb. 9).

III. Aufbau und Ausrüstung

Aus den Abb. 10 bis 12 ist zu ersehen, daß der Wagen neben dem starken Kran noch genügend Raum für eine reichhaltige Ausrüstung mit den üblichen Werkzeugen und Sondergeräten zur Hilfeleistung aller Art bietet. Daß sowohl die Mannschaft als auch die Geräte einschließlich der sperrigen Teile, wie Leitern, Rüsthölzer usw., in geschlossenen Räumen unterzubringen sind, entspricht dem Entwicklungsgang der Feuerwehrfahrzeuge und konnte auch hier restlos erreicht werden.

Auf den Sitzbänken im Führer- und Mannschaftshaus finden insgesamt sieben Wehrmänner mit ihrer persönlichen Ausrüstung bequem Platz. Das angrenzende große Magazin und zum Teil auch das folgende erstrecken sich über die ganze Wagenbreite und bergen auf Rollböden schwere Geräte, wie elektrische Kettensäge, Schweißapparat, Verschiebebock, Brechstangen usw. Die Magazine an beiden Längsseiten des rückwärtigen Wagenteiles sind tief genug, um auch Normkästen aufzunehmen. Für lange Teile, wie Leitern, Rüsthölzer, Wuchtbaum und Staken, sind die Trittbrettkästen, die langen Seitenkästen oben und je ein langer Kasten links und rechts unter dem Dach, letztere von rückwärts zugänglich, bestimmt. Die vom Kran wenig beeinflußte Raumaufteilung ermöglichte eine übersichtliche Lagerung der Geräte derart, daß nahezu jedes Stück der Ausrüstung für sich und bequem greifbar ist. Das nachfolgende Verzeichnis gibt einen Überblick über die Ausrüstung.

Ausrüstungsverzeichnis

Im Mannschaftsraum

Sitzkasten

6 Lederjacken
4 Fangleinen mit Rettungsgurt und Kloben in Lederschutzhüllen
1 Andrehkurbel
1 Werkzeugbrett mit Werkzeugen für das Fahrgestell

Im Seitenkasten links oben

2 Steckleitern FEN 170

Im 1. Gerätemagazin - links

1. Fach, durchgehend

1 Baumsäge
1 Spannsäge
1 großer Fuchsschwanz
2 Schrottmeißel
2 Vorschlaghämmer
4 Holzäxte
2 Handbeile

Abb. 10 (oben): Linke Fahrzeugseite; Abb. 11 (unten): Rechte Fahrzeugseite (Aufnahmen BF Düsseldorf)

Abb. 12: Die umfangreiche Beladung des RKW. Rechts am Heck der Dreifuß mit 1000 kg Tragkraft
(Aufnahme BF Düsseldorf)

2. Fach, durchgehend
4 Kreuzhaken
6 Pionierspaten
2 Infanteriespaten
4 Kohlenschaufeln
4 Schippen
1 Sandlöffel

3. Fach, durchgehend
2 Blechmulden
2 Aufnehmer
4 Forken
4 Koksgabeln
2 Besen

4. Fach, durchgehend
1 elektrische Kettensäge, 80 cm Schnittlänge
1 Rollschemel, 3 t Tragkraft
1 autogenes Schneidgerät
2 Reserveflaschen zum Schneidgerät

Im 2. Gerätemagazin - links

1. Fach, durchgehend
1 Schlepptau, 15 m lang
1 Stahltrosse, 20 m lang
1 Stahltrosse, 10 m lang
1 Stahltrosse, 5 m lang
3 Kauschen für Stahltrosse
1 kleiner Flaschenzug
24 Bindeleinen
1 Segeltucheimer

2. Fach, durchgehend
1 Türöffner
1 große Rohrzange
1 Bolzenabschneider
2 Brechstangen, 1800 mm lang
2 Brechstangen, spitz, mit Kopf
1 Brecheisen
2 Stahlrohre, 40 mm Durchmesser, 1,5 m lang

3. Fach, durchgehend
2 verstellbare Grabensteifen
2 Eisenplatten, 700x300x8 mm

4. Fach
2 Zahnstangengewinde, 5 t
2 Hebelwinden für Straßenbahn

1 zweiteilige Öldruckwinde, 15 t
1 Panzerschlauch dazu, 1,8 m

Im 3. Gerätemagazin - links

1. Fach oben
1 elektrische Fünf-Gang-Bohrmaschine, 220 Volt (Panzer-Bohrwerk)
1 Zubehörkasten
2. Fach
1 elektrische Kreissäge, 220 Volt
1 elektrische Stichsäge, 220 Volt
1 Zubehörkasten
3. Fach
1 elektrischer Hammer, 220 Volt
1 Zubehörkasten
5 Steinbohrer
6 Steinmeißel
4. Fach
1 kleiner Scheinwerfer, 220 Volt, 200 Watt

5. Fach
1 großer Flutlichtscheinwerfer, 220 Volt, 1500 Watt

Im 4. Gerätemagazin - links

1 Schalttafel für den Kran mit Strom- und Spannungsmesser, Spannungsregler, Schutzschalter zur Sicherung des Krans gegen Überbelastung, Schalter für das Aufrichten des Auslegers und 2 Steckdosen zur Stromentnahme

Im Radkasten hinten links

1 Regler für die elektrische Winde
2 Kabeltrommeln mit je 40 m Starkstromkabel

Im kleinen Kasten über dem Trittbrett, links

6 Unterleghölzer 250x35x40 mm
12 Holzkeile

Im Trittbrettkasten - links

3 Vierkanthölzer 2000x100x90 mm
10 Vierkanthölzer 500x100x90 mm
2 Bohlen 3000x250x40 mm
5 Bohlen 1500x250x40 mm
2 Rundhölzer 500x120 mm

Auf dem Trittbrettkasten - links

1 Auflaufbohle 1500x450x40 mm

Im Seitenkasten rechts oben

4 Vierkanthölzer 2800x140x120 mm

Im 2. Gerätemagazin hinter dem Mannschaftsraum rechts

4. Fach
1 Kettenzug für Pferdehebezug, 1 t Tragkraft
2 Gurte dazu
1 Wagscheit

Abb. 13: Die kräftig dimensionierte Krananlage des Rüstkranwagens (Aufnahme BF Düsseldorf)

Abb. 14: Bedienstand mit Blick auf die Abstützspindeln (Werksaufnahme Daimler-Benz)

1 Stahlkette, 12 mm, 10 m lang, in Segeltuchhülle
1 Frischluftgerät

Im 3. Gerätemagazin hinter dem Mannschaftsraum rechts

1. Fach
1 Ableinvorrichtung
1 Paar Steigeisen mit Gurt
1 Korkschwimmweste
1 Rettungsring
1 Strickleiter, 10 m lang

2. Fach
1 Werkzeugkasten FEN 401
1 Starkstrom-Werkzeugkasten FEN 402
1 Fackelkasten FEN 403
1 Sanitätskasten FEN 404
1 Kasten mit Atemfilter FEN 409
1 Inhalationsgerät (Sauerstoffkasten)

Im 4. Gerätemagazin hinten rechts
1 Luftschaumhandfeuerlöscher
1 Tetrahandfeuerlöscher
1 Naßhandfeuerlöscher

Im Radkasten hinten rechts
1 tragbare Telefoneinrichtung
2 Kabeltrommeln mit je 200 m Telefonkabel
2 elektrische Handlampen
1 tragbarer Scheinwerfer (Tornistergerät)

Im kleinen Kasten über dem Trittbrett rechts
20 Gerüstklammern

Im Trittbrettkasten rechts
5 Bohlen 3000x250x40 mm
1 Dreifuß, verstellbar, 2500/4000 mm Schenkellänge, 1 t Tragkraft

Auf dem Trittbrettkasten rechts
1 Auflaufbohle 1500x450x40 mm

Im Dachkasten hinten links
1 Klappleiter FEN 175
1 Tragbahre

Im Dachkasten hinten rechts
1 Wuchtbaum, 3 m lang
2 Einreißhaken
2 Bootshaken

Im Kasten an der Rückwand
1 Standrohr
2 Hydrantenschlüssel
1 C-Stahlrohr
2 C-Rollschläuche
1 Stativ für Scheinwerfer
1 Wathose mit Gummistiefeln

Zuletzt sei noch auf das Fahrgestell des Wagens eingegangen. Es ist ein Chassis der Firma Daimler-Benz vom Typ Mercedes-Benz LoS 3750 mit einer Rahmentragfähigkeit von 5500 kg und einem zulässigen Gesamtgewicht von 9500 kg. Der Antrieb des Fahrzeugs erfolgt durch einen Sechszylinder-Vergasermotor mit einer Leistung von 95 PS und 7360 cm³ Hubraum. Der mit vier Vorwärtsgängen und einem Rückwärtsgang ausgerüstete Wagen kann folgende Geschwindigkeiten (in der Ebene) erreichen:

1. Gang ca. 10,2 km/h
2. Gang ca. 17,5 km/h
3. Gang ca. 30,6 km/h
4. Gang ca. 57,0 km/h
4. Gang (mit Schnellgang) 74 km/h

Steigvermögen ca. 22%. Das Fassungsvermögen des Kraftstofftanks beträgt 100 l. Der fertige Wagen wiegt einschließlich Kran und beladen mit der oben genannten Ausrüstung 8 400 kg (Vorderachsdruck 2380 kg, Hinterachsdruck 6020 kg). Dazu kommt noch etwa eine halbe Tonne für die Mannschaft. Das Gesamtgewicht des betriebsfertigen Wagens beläuft sich dann auf 8900 kg, hält sich also gut in den theoretischen Grenzen.

Gemäß Auftragsbestätigung der Firma Daimler-Benz AG beträgt der Beschaffungspreis des Fahrzeugs 22.203 RM.

Die Lieferung erfolgte am 20. August 1936. Endgültig in Dienst gestellt wurde das Fahrzeug am 5. September 1936 und mit dem Kennzeichen IY-113894 zugelassen. Bis zum Verlust des Fahrzeugs am 1. August 1942 infolge Bombentreffer durch Luftangriff auf das Fahrzeugdepot der Feuerschutzpolizei Düsseldorf in der Pionierstraße, leistete der Rüstkranwagen bei Hilfeleistungseinsätzen aller Art gute Dienste.

Hoch ... höher ... am höchsten !

Ein Abriß über die Entwicklung der hohen Drehleitern

von Dieter Hasemann

Der Einsatzzweck einer Drehleiter ist es, Rettungs- und Löschmaßnahmen in großen Höhen durchzuführen. Je höher die Häuser wurden, desto höher wurden auch die Drehleitern. Diese Maxime galt zumindest in den Anfangsjahren der Drehleiterentwicklung. Irgendwann jedoch stießen die Techniker an die Grenzen des Machbaren. Außerdem wurden die Leiterfahrzeuge zu groß, zu schwer und zu teuer.

Die Gebäude wuchsen in den Himmel, insbesondere seit den 50er Jahren. Da waren dann nur noch bauliche Einrichtungen für den Notfall sinnvoll, eine Menschenrettung oder ein Löschangriff von außen war jedoch nicht mehr durchführbar. Deshalb beschränkte sich die Drehleiterentwicklung der letzten 30 Jahre auch darauf, die Leitern sicherer zu machen und technisch zu verbessern, nicht jedoch sie höher zu bauen. Zumindest für die beiden deutschen Marktführer in diesem speziellen Bereich der Feuerwehrtechnik, Metz und Magirus, trifft dies zu. Lange Zeit standen sie ohnehin allein mit ihren Spitzenprodukten, doch inzwischen sind auch außereuropäische Firmen auf diesem Gebiet tätig. Höhenmäßig haben sie zu den Deutschen aufgeschlossen. Ob daraus nun ein Wettlauf um die höchste Drehleiter entsteht?

Nachdem man zu Beginn des Jahrhunderts Drehleitern erstmals auf Motorfahrgestelle setzte, wurde ziemlich bald eine Steighöhe von 30m erreicht. Die BF Brüssel war die erste Feuerwehr, die eine derartige Leiter 1913 von Magirus erhielt. Bereits in den 20er Jahren waren die deutschen Hersteller Metz und Magirus bei 36m bzw. 37m angelangt. Diese fünfteiligen Drehleitern basierten noch auf Fahrzeugen mit Vollgummireifen und ohne Abstützmechanismus. Damit waren die Grenzen im Holzleiterbau erreicht, mehr schien kaum machbar. Die 1931 nach Wien gelieferte Magirus DL 37 war die höchste je gebaute Holzdrehleiter. Zu dieser Zeit war die Technik bereits soweit fortgeschritten, daß man relativ einfach und sicher Leiterparks

1933 baute Magirus vier große DL 45 für die UDSSR aufgebaut auf Magirus M 50L (Foto: Iveco-Magirus)

Das höchste DL-Nodell von Metz war die DL 46. Aufgebaut auf Mercedes LD 6500 gingen drei Fahrzeuge 1937 an die Feuerwehren Hamburg, Nürnberg und Berlin (Foto: Metz)

Die Wehrmacht erhielt 1941 zwei Magirus DL 45 mit Staffelkabinen auf Magirus-Chassis des Typs FL 150 (Foto: Iveco-Magirus)

ferte Magirus DL 37 war die höchste je gebaute Holzdrehleiter. Zu dieser Zeit war die Technik bereits soweit fortgeschritten, daß man relativ einfach und sicher Leiterparks aus Stahl fertigen konnte. Metz und Magirus bauten 1931 gleichzeitig an hohen Stahlleitern. Bei Magirus war das erste Modell 38m hoch bei Metz waren es 42 (nicht 44m wie mehrfach fälschlich in der Fachliteratur geschrieben wurde). Beide Drehleitern bestanden aus fünf Teilen, was bei der Metz-Konstruktion dazu führte, daß die Gesamtlänge des Leitersatzes in Fahrtstellung beträchtlich war. Montiert wurde die Leiter auf ein schweres Chassis der längst vergessenen belgischen LKW-Marke Brossel, und Empfänger war die BF Brüssel, die wiederum, wie schon 1913, Besitzer der höchsten Drehleiter der Welt war.

Diese DL 42 von Metz blieb ein Einzelstück, gewissermaßen der Prototyp für die weitere Entwicklung. Magirus nahm die Herausforderung an und baute bereits 1933 eine noch höhere Drehleiter. Die Techniker aus Ulm setzten einfach ein sechstes Leiterteil auf den fünfteiligen Leitersatz der DL 38 und erreichten somit 45m Steighöhe. Aufgebaut auf einen Magirus M 50L, dem schwersten Magirus-Lastwagen damals mit 4800 mm Radstand und einem 110 PS-Motor, wurde das erste, sowie drei weitere Exemplare in die Sowjetunion verkauft, vermutlich für die BF Moskau bestimmt.

Diese Magirus DL 45 entwickelten sich während der 30er Jahre zu einem guten Exporterfolg. Immerhin wurden 27 Einheiten gebaut, 23 davon für ausländische Feuerwehren wie Schanghai, Genua, Paris, Sao Paulo, Bukarest, Madrid, Johannesburg und andere mehr. Vier DL 45 wurden im Deutschen Reich eingesetzt. Anfang 1939 erhielt die "Feuerlöschpolizei" München eine derartige Leiter auf dem Magirus FL 150, die "Feuerlöschpolizei" Wien (sei-nerzeit dem Reich angehörend) bekam eine DL 45 auf Gräf & Stift V 17, und zwei DL 45 auf Magirus FL 150 gingen im August 1941 an die Wehrmacht nach Hillersleben. Sie wurden vermutlich aber nicht zum Brandschutz eingesetzt, sondern zu Testzwecken in der Artillerieerprobungsstelle.

Unterdessen waren natürlich die Ingenieure bei Metz nicht untätig geblieben. Die DL 42 wurde weiterentwickelt. Um das Problem der enormen Fahrzeuglänge und des vorderen Überhangs zu beseitigen, wurde das Nachfolgemodell mit knapp 10m deutlich kürzer in den Abmessungen. Durch die Verwendung von nunmehr sechs Leiterteilen erreichte man eine Gesamtauszugshöhe von 46m. Das erste Modell der DL 46 (teilweise ist auch von einer DL 45 die Rede) entstand 1933/34, es wurde allem Anschein nach für Sao Paulo gebaut. Weitere Exemplare gingen 1936 nach Paris, Hull, Warschau und Prag. Nur die Drehleiter für Prag war auf einem Praga-Chassis mit geschlossener Kabine und Vorbaupumpe montiert, die anderen Leitern, aufgebaut auf Laffly, Leyland und Henschel waren in offener Version ausgeführt.

1937 baute Metz dann drei DL 46 -bzw. KL 46 wie man damals sagte - für deutsche Feuerwehren. Die großen Drehleitern waren ursprünglich zur Normung vorgeschlagen, doch sie erwiesen sich als zu groß und zu teuer, so daß es bei den drei gefertigten Exemplaren blieb. Sie waren auf dem 14 t schweren Mercedes LD 6500 montiert, der einen 150 PS starken Dieselmotor besaß. Die drei Fahrzeuge für Berlin, Hamburg und Nürnberg unterschieden sich nur geringfügig. Beispielsweise besaß nur das Hamburger Fahrzeug eine durchgehende Frontscheibe und einen verchromten Kühler. Alle drei Leiterfahrzeuge liefen noch bis in die 60er Jahre, allerdings verkauften die Nürnberger ihr Fahrzeug 1946 an die BF Stuttgart.

Oben: **Die damals höchste Drehleiter der Welt wurde 1952 an die BF Wien geliefert. Die DL 52+2 wurde auf einen Gräf & Stift 120 KN gesetzt** (Foto: Iveco-Magirus)
Mitte: **Drei DL 45 auf MAN MK baute Magirus 1949 für die Feuerwehr Bukarest** (Foto: Iveco-Magirus)
Unten: **Die Magirus DL 52+2 der Feuerwehr Montevideo war auf einem Magirus S 6500 montiert. Zum Zeitpunkt der Aufnahme ist die ursprünglich vorhandene Vorbaupumpe bereits abgebaut** (Foto: Ian Stronach)

den 30er Jahren an, also auch die hohen DL 45 (Magirus) und DL 46 (Metz).

Während Metz zunächst nur ein derartiges Modell an die BF Budapest verkaufen konnte erhielt Magirus 1949 den Auftrag, gleich drei DL 45 für die BF Bukarest zu bauen. Daß es zu der Zeit kein passendes Magirus-Fahrgestell gab griff man auf MAN-Chassis des Typs MK zurück. Weitere Exemplare der sechsteiligen DL 45 baute Magirus auf unterschiedlichen Fahrgestellen zu Beginn der 50 Jahre, u.a. für China, Uruguay, Bulgarien und Italien.

Magirus und Metz wollten jedoch noch höher hinaus. Beide Firmen entwickelten um 1949/50 Pläne für neue, sehr hohe Drehleiterkonstruktionen. Bei Magirus ging man bis 52m bei Metz sogar bis 60m! Beide Firmen hatten sich vorgenommen, anläßlich der Automobilausstellung "IAA" 1951 mit neuen Superleitern auf dem Markt zu erscheinen. Metz fand jedoch kei-

Beide Firmen hatten sich vorgenommen, anläßlich der Automobilausstellung "IAA" 1951 mit neuen Superleitern auf dem Markt zu erscheinen. Metz fand jedoch keinen Auftraggeber für eine DL 60, und eine derartige Drehleiter auf eigene Kosten zu bauen erschien wohl doch zu risikoreich. Magirus bastelte indes 1950 fleißig an seiner 52m-Leiter und war pünktlich zum Messebeginn im April 1951 fertig. Die große siebenteilige DL 52 erhielt, wie damals üblich, sogar einen Handausschub für zwei Meter. Neu war der Fahrstuhl, der mit zwei Personen auf den oberen Holmen auf- und abfahren konnte, und eine Lautsprecheranlage, die eine Verständigung zwischen dem Maschinisten unten und einem Feuerwehrman in 52m Höhe ermöglichte. Rechtzeitig zur IAA hatte Magirus auch seinen neuen Schwerlaster, den S 6500, fertigestellt, und so konnte die höch-

Oben: **1960/61 bestellte die BF Athen drei DL 50 bei Magirus. Die neuen hydraulischen Drehleitern wurden auf den großen Magirus „Jupiter" aufgebaut** (Foto: Iveco-Magirus)
Mitte: **Als einzige deutsche Feuerwehr verfügte die BF Frankfurt über eine Magirus DL 50. Fahrgestell der 1964 gebauten Leiter war der Magirus 200 D 19** (Foto: Rainer Matthies)
Unten: **Metz lieferte 1956 diese einmalige DL 52 auf MAN 758 L 1 nach China. Der Fahrstuhl lief unterhalb des Leitersatzes an Drahtseilen** (Foto: Metz)

Mechanische Magirus-DL ab 40m Steighöhe (1933 - 1961)

April 33	DL 45	Magirus M 50L	BF Moskau (4 Ex.)
April 34	DL 45	Magirus M 50L	BF Schanghai
Juli 34	DL 45	Delahaye	BF Madrid
Aug. 35	DL 45	Magirus M 50L	BF Schanghai
Okt. 35	DL 45	Magirus M 50L	BF Bukarest
Jan. 36	DL 45	Magirus M 50L	BF Johannesburg
März 36	DL 45	Delahaye	BF Paris
Dez. 37	DL 45	Gräf & Stift V 17	BF Wien
Jan. 38	DL 45	Magirus M 50L	BF Sao Paulo (2 Ex.)
März 38	DL 45	Magirus M 50L	BF Gedingen
Mai 38	DL 45	Fiat 634	BF Genua
Juli 38	DL 45	Fiat 634	BF Rom
Okt. 38	DL 45	Fiat 634	BF Neapel
Jan. 39	DL 45	Magirus FL 150	BF München
Juli 39	DL 45	Magirus FL 150	BF Kragujevac
März 40	DL 45	Magirus FL 150	BF Bratislawa
Sept. 40	DL 45	Magirus FL 150	BF Bukarest (2 Ex.)
Sept. 40	DL 45	Fiat 634	BF Mailand
Nov. 40	DL 45	Magirus FL 150	BF Belgrad
Aug. 41	DL 45	Magirus FL 150	OKH Hillersleben (2 Ex.)
Juli 43	DL 45	?	BF Budapest

1949	DL 45+2	MAN MK	BF Bukarest (3 Ex.)
1951	DL 52+2	Gräf & Stift 120KN	BF Wien
1952	DL 52+2	Magirus S 6500	BF Montevideo
1953	DL 45+2	Magirus S 6500	BF Tsingtao
1953	DL 45+2	Magirus S 6500	BF Tientsien
1953	DL 45+2	Magirus S 6500	BF Montevideo
1954	DL 45+2	MAN MK 26	BF Sofia
1955	DL 45+2	Fiat	Bergomie
1955	DL 52+2	Magirus S 6500	BF Barcelona
1956	DL 45+2	Magirus S 6500	BF Rio (2 Ex.)
1956	DL 44	Magirus S 6500	BF Salvador
1956	DL 44+2	Seagrave	BF Green Bay
1957	DL 50+2	Magirus S 7500	BF Wien
1957	DL 44/5	Berliet GLR	BF Marseille
1958	DL 44/5	Berliet GLR	BF Lille
1958	DL 44	Magirus S 7500	BF Luxemburg
1959	DL 44	Mack B 85	BF Chicago (2 Ex.)
1961	DL 44	Mack C 85	BF New York (2 Ex.)

ste Drehleiter der Welt auch publikumswirksam auf einem nagelneuen hauseigenen LKW-Fahrgestell präsentiert werden. Das spektakuläre Leiterfahrzeug von Magirus war natürlich eine der größten Attraktionen der Ausstellung, und Magirus hatte damit wieder die Nase vorn im Wettrennen um die höchste Drehleiter. Metz dagegen konnte nur seine alte DL 46 vorführen, hatte jedoch nichts Neues zu bieten. Die Magirus DL 52+2 wurde noch auf der Messe nach Wien verkauft, allerdings wünschten die Wiener ein anderes Basisfahrgestell. So baute Magirus die Leiter auf einen österreichischen Gräf & Stift 120 KN und lieferte das Gefährt 1952 an die BF Wien, die damit stolzer Besitzer der höchsten Drehleiter wurde.

Bereits wenige Monate später orderte die BF Montevideo eine Drehleiter gleichen Typs, diesmal aber aufgebaut auf dem Originalchassis Magirus S 6500. 1955 erhielt Barcelona eine DL 52+2, ebenfalls auf einem S 6500 montiert. Bei diesen drei mechanischen DL 52+2 blieb es auch. Ab 1956 zeichnete man bei Magirus bereits am Folgemodell.

Doch zuvor tat sich einiges im Hause Metz. Mit einer 60m Leiter klappte es in Karlsruhe zunächst noch nicht, doch baute man stattdessen einige 52m Leitern. Das erste Modell der DL 52 entstand 1954, aufgesetzt auf einen Mercedes des Typs LKO 315 mit 145 PS-Dieselmotor. Auch die sechsteilige Metz-Leiter besaß einen Fahrstuhl, der jedoch im Gegensatz zur Magirus-Konstruktion unterhalb des Leitersatzes angebracht war.

Nachdem die ersten beiden DL 52 noch 1955 nach China verschifft wurden, folgten 1956 zwei weitere Exemplare fürs Reich der Mitte, diesmal auf anderen Fahrgestellen. Das eine Fahrzeug war ein MAN 758 L1 mit 155 PS-Maschine, das zweite war ein Krupp L 8 "Tiger" mit 185 PS-Motor. Beide Fahrzeuge besaßen zudem große Metz-Vorbaupumpen (2500 l/min Förderleistung), bei Drehleiterfahrzeugen stets eine Rarität.

Oben: **Die höchste jemals gebaute Drehleiter war die Metz DL 60+2. Das 1957 nach China gelieferte Modell hatte einen Kaelble KD 680 F als Basis** (Foto: Metz)
Unten: **Die Feuerwehr Melbourne stellte 1971 drei der abgebildeten Magirus DL 44 in Dienst. Basisfahrgestelle waren die Magirus Eckhauber des Typs F 200 D 19** (Foto: Dieter Hasemann)

Die BF Moskau erwarb 1971 eine DL 50 auf Magirus 200 D 19. Damals verfügten die hohen Leitern noch über Spindelabstützung
(Foto: Iveco-Magirus)

Ein zweiter Krupp "Tiger" mit Metz DL 52 entstand 1956 für die BF Ostberlin. Er war weitgehend identisch mit dem chinesischen Fahrzeug, nur besaß er keine Vorbaupumpe. Diese höchste, jemals in Deutschland eingesetzte Drehleiter, kam vor einigen Jahren in den Westen und wurde von einem Sammler restauriert. Die Chinesen müssen während der 50er Jahre geradezu einem Höhenrausch erlegen sein. Nach den beiden Magirus DL 45 und den vier Metz DL 52 erteilten sie doch tatsächlich Metz 1955 den Auftrag zum Bau einer DL 60! Ausgehend von der sechsteiligen DL 52 setzten die Techniker ein siebentes Leiterteil auf den Drehschemel und erreichten somit eine Steighöhe von 60m. An der Leiterspitze konnte ein Handausschub für zwei Meter angesetzt werden. Natürlich verfügte die riesige Leiter über einen Fahrstuhl. Wer wollte schon die mehr als 180 Sprossen zur Spitze hinaufklettern?

Eine solch außergewöhnliche Leiter bedurfte auch eines außergewöhnlichen Fahrgestells, deshalb setzte Metz die DL 60 auf ein schweres, dreiachsiges Spezialchassis von Kaelble (Typ KD 680 F), das für ein Gesamtgewicht von 24 t ausgelegt war. Für heutige Verhältnisse recht mager war die Motorisierung des gewaltigen Vehikels mit nur 180 PS. Als Sonderausstattung bestellten die Chinesen noch eine Vorbaupumpe und eine Schlauchhaspel am Heck, so daß das komplette Fahrzeug eine Länge von 11,6m aufwies, bei 2,5 m Breite und ca. 3,6 m Höhe. Nach eingehender Erprobung und Pressepräsentation schickte Metz das Fahrzeug 1957 auf die Seereise nach China. Leider ist über die weitere Verwendung und den Verbleib dieses einmaligen Fahrzeugs nie etwas bekannt geworden.

Mit dieser "Rekordleiter" blieb Metz bis heute "Weltmeister" für hohe Drehleitern. Es hat zwar zwischenzeitlich Pläne und Ideen für 75m-Leitern gegeben, doch wurden diese nie realisiert.

In Nordamerika lief die Drehleitertechnologie zumeist den Europäern hinterher, nicht nur bei den Höhen. Nur einmal waren die Amerikaner schneller und besser, als es um die Einführung der Hydraulik zum Leiterantrieb ging. Die berühmten amerikanischen Drehleiterhersteller wie Seagrave, Pirsch oder American La France bauten Drehleitern bis maximal 30 m Steighöhe. Hohe Leitern waren in den USA bis in die 50er Jahre kaum gefragt. Da die einheimischen Produzenten damals nicht in der Lage waren, hohe Drehleitern zu fertigen, mußten sich Interessenten in Europa, genauer gesagt in Deutschland, umsehen.

Die kleine Stadt Green Bay bestellte 1956 bei Magirus eine DL 44 und ließ sie sich auf einen Seagrave-LKW bauen. Damit hatte Green Bay die höchste Drehleiter Nordamerikas. Drei Jahre später kaufte Chicago zwei Leitern des selben Typs, aufgebaut auf schweren Mack-Chassis. Auch New York wollte mal die hohen Leitern ausprobieren und beschaffte 1961 zwei DL 44 auf den Mack-Frontlenkern des Typs C 85. Es waren die letzten hohen Magirus-Leitern, die noch mechanisch angetrieben wurden. Bereits zuvor hatte Magirus seine DL 50 mit hydraulischem Antrieb ausgerüstet. Erstmals geschah dies 1959 mit den beiden Leitern für Belgrad und Wien. Diese Leiterfahrzeuge waren komplette Neukonstruktionen. Sowohl der Leitersatz, als auch der Drehschemel und der Antrieb waren neu. Die einzelnen Leiterteile, die aus neuen Profilen geschweißt wurden, waren länger als beim Vorgängermodell. Dafür bestand der Leiterpark nur noch aus sechs Teilen mit einer Steighöhe von 50m, also zwei Meter weniger als beim alten Modell. Die Leitern waren vollhydraulisch, d.h. alle Bewegungen wurden durch Hydrauliksysteme betätigt. Die ersten Exemplare der DL 50h wurden auf den Siebeneinhalbtonner Magirus "Jupiter" (Belgrad) und den Saurer 8 GL (Wien) aufgebaut. Ab 1964 verwendete Magirus den legendären Eckhauber des Typs 200 D 19. Zwei Jahre nach der 50m-Leiter erschien Magirus auch mit einer hydraulischen DL 44h. Ebenfalls mit neuem Leitersatz (6 Teile), neuem Drehschemel und Hydraulik wurde das erste Fahrzeug an die BF Budapest geliefert, die in den folgenden Jahren zahlreiche 44m-Leitern beschaffte.

Auch Metz konstruierte 1961 seine DL 44 mit hydraulischem Antrieb. Der Prototyp wurde auf ein Fiat-Chassis gesetzt und an die BF Rom verkauft. Mit den 50m-Leitern dauerte es bei Metz aber noch etliche Jahre, bis man zur Hydraulik überging. So waren alle Metz DL 52 der 60er und 70er Jahre mechanische Drehleitern. Nachdem die alten Metz und Magirus DL 45/46 aus der Vorkriegszeit bei deutschen Feuerwehren ausgemustert waren gab es fast keine hohen Drehleitern mehr in Deutschland. Zwar wurden zahlreiche DL 37 eingesetzt, jedoch keine DL 44 und nur eine DL 50h. Die BF Frankfurt erhielt 1964 als einzige Feuerwehr eine neue 50m-Leiter von Magirus, aufgebaut auf dem Magirus 200 D 19.

Oben: **Mehrere DL 44 gelangten Anfang der 70er Jahre in die CSSR. Abgebildet ist eine Metz DLK 44 auf TATRA T 138 in der seltenen Ausführung mit hängendem Korb** (Foto: Metz)

Unten: **Die Magirus DL 44 wurde 1975 erstmals auf ein Frontlenkerchassis gesetzt, einen Magirus 232 D 19F. Die ersten Fahrzeuge gingen nach Ungarn und Spanien** (Foto: Iveco-Magirus)

Anders im Ausland, wo sich die hohen Leitern großer Beliebtheit erfreuten. Besonders das 44er Modell war während der 60er und 70er Jahre ein ausgesprochener Exporterfolg. Die großen DL 50h und DL 52 dagegen waren kaum gefragt.

Die Metz "Rekordleiter" DL 60+2 wurde 1969 ein zweitesmal fertiggestellt, diesmal für die UdSSR. Der siebeteilige Leiterpark war nahezu identisch mit der 57er Ausführung für China, ebenso der Drehschemel mit dem mechanischen Antriebsmechanismus. Das Basisfahrgestell war indes vollkommen anders, auch wenn es wiederum von der Firma Kaelble stammte. Der schwere Dreiachser war ein Kaelble des Typs KDV 400 mit einem 425 PS-starken V8-Dieselmotor mit Abgasturbolader. Dieses zweite Modell der DL 60+2 war auch das letzte. Seither hat weder Metz noch irgendeine andere Firma eine so hohe Drehleiter gebaut.

Waren bislang die beiden deutschen Drehleiterhersteller

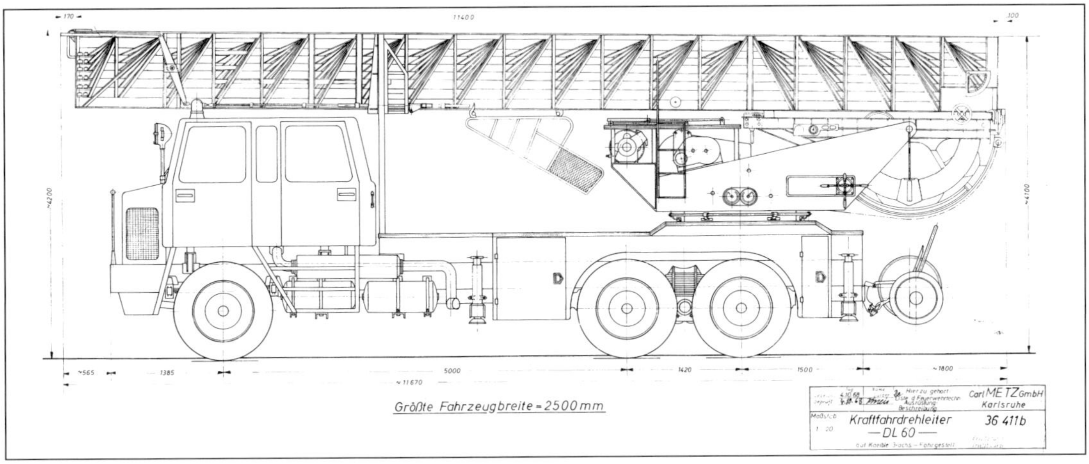

Metz und Magirus die weltweit einzigen Anbieter von Drehleitern über 40m Steighöhe, so tauchte zu Beginn der 70er Jahre ein neuer Konkurrent in Asien auf. Die japanische Firma Morita, die bereits seit Anfang des Jahrhunderts Feuerwehrgeräte und Fahrzeuge baute, begann in den 60er Jahren mit der Produktion von Drehleitern. Nach kleinen Modellen zwischen 20m und 30m wurde auch eine 40m-Leiter ins Programm aufgenommen. Die ersten sogenannten Morita-Lifte MLD 40, aufgebaut auf drei- und vierachsigen Hino- und Isuzu-Lastwagen, wurden an die BF Tokio geliefert.

Betrachtet man den Leiterpark der Morita DL 40 kommt man nicht umhin, darin eine Kopie des Metz-Leitersatzes aus den 50er und 60er Jahren zu sehen. Die Morita-Leitern waren zunächst nur in Japan und einigen wenigen asiatischen Ländern zu finden. Lediglich zwei DL 40 gelangten auf andere Kontinente. 1974 erwarb die BF Chicago einen Morita-Lift, aufgebaut auf einem dreiachsigen Hendrickson-Chassis, und zwei Jahre später kaufte die Feuerwehr der südaustralischen Stadt Adelaide eine Morita DL 40. Beide Fahrzeuge bereiteten den Besitzern viele Sorgen, so daß man sie schon nach wenigen Jahren aus dem aktiven Dienst nahm. Die beiden "Probefahrzeuge" blieben denn auch die einzigen Morita-Leitern in Australien und den USA. In Europa hat es bis heute noch keine Drehleiter von Morita gegeben.

Mitte der 70er Jahre ging Magirus dazu über, seine großen Drehleitern auf Frontlenkerfahrzeuge zu setzen. Weil aber die Frontlenkchassis schwerer waren als die Hauber, und um mehr Gewichtreserve zu erhalten, wurden ab 1978 die schweren DL 50 auf dreiachsige Fahrgestelle des Typs 310 D 22F (6x4) gebaut. In dieser Version wurde die Magirus DL 50 häufig verkauft.

Bei Metz wurden während der 70er Jahre nur zwei DL 52 gebaut; 1974 für Moskau und Peking. Der Grund war, daß Metz noch immer die alte mechanische Konstruktion aus den 50er Jahren anbot, Magirus dagegen mit neuester Technologie aufwarten konnte. Es wurde höchste Zeit für Metz, eine neue 50m-Leiter zu konstruieren. 1979 war man endlich in Karlsruhe soweit, das Spitzenmodell in hydraulischer Version anzubieten. Mit Korb für zwei Personen, neuem Leitersatz und neuem Getriebe präsentierte Metz die erste DLK 53 (Metz bezeichnete nicht die tatsächliche Steighöhe von 52m, sondern die Arbeitshöhe von 53m!) auf der "Interschutz" 1980 in Hannover. Die jugoslawische Stadt Tuzla erwarb diese Leiter, montiert auf einem Mercedes 1926. Ab 1985 ging auch Metz dazu über, die DLK 53

Oben: **Die einzige jemals in Australien eingesetzte Morita-Drehleiter stand bei der Feuerwehr Adelaide im Dienst. Die DL 40 wurde 1976 auf einen Fuso K 201 (6x4) mit Morita-Pumpe (3000l/min) aufgebaut** (Foto: Dieter Hasemann)
Mitte: **Die belgischen Städte Ostende und Lüttich erhielten 1979/80 jeweils eine Metz DLK 44 auf einem Mercedes 1932** (Foto: Metz)
Unten: **Als eine der wenigen Feuerwehren in West-Europa beschaffte die BF Antwerpen 1980 eine Magirus DL 50 auf dem schweren Magirus 310 D 22 F (6x4) mit Staffelkabine** (Foto: Dieter Hasemann)

auf dreiachsige Fahrgestelle zu bauen, erstmals bei der Leiter für Abu Dhabi, die auf einem Mercedes 2636 (6x4) aufgebaut war. Zu dieser Zeit zeichnete sich eine Trendwende ab. Die einst so beliebten DL 44 wurden immer seltener geordert, die DLK 50 bzw. 53 dagegen immer häufiger. Hauptkunden der 50m-Leitern waren China und die UdSSR, die die Leitern schon beinahe dutzendweise kauften. Besonders die Chinesen hatten es auf große Leitern auf ungewöhnlichen Chassis abgesehen. Nach den Lieferungen der 50er Jahre tat sich beim Export deutscher Feuerwehrfahrzeuge nach China lange Zeit nichts. Doch seit den frühen 80er Jahren wird wieder fleißig eingekauft. Bei Metz bestellten die Chinesen gleich sechs große DLK 53, teilweise auf so außergewöhnlichen Fahrgestellen wie Volvo N 1027 oder Steyr 32 S 28. Zusätzlich kauften sie auch die großen Magirus DLK 50, zumeist aufgebaut auf Iveco 260-30 AH.

Mitte der 80er Jahre geschah dann etwas Unvorhergesehenes, was den beiden deutschen Leiterbauern bis heute Probleme bereitet: neue Konkurenz tauchte auf! Nicht nur Morita in Japan begann nun, moderne 50m-Leitern anzubieten, auch drei nordamerikanische Firmen traten plötzlich als Wettbewerber auf.

Zunächst begann der US-Marktführer für Feuerwehrfahrzeuge, die Firma Emergency One, mit der Herstellung von Drehleitern bis maximal 135 ft. (41m), in die Domäne von Metz und Magirus einzudringen. 1987 ging die

Oben: **1984 baute Metz für Saudi Arabien vier DLK 44 in der landestypischen gelben Lackierung. Es waren die ersten 44m-Leitern, die über Korb und Fahrstuhl verfügten** (Foto: Metz)
Unten: **Einmalig war die große Metz DLK 53, 1985 für die VR China gebaut. Das Fahrgestell, ein MAN 22.240 H, war der letzte als Feuerwehrfahrzeug verwendete MAN-Hauber** (Foto: Metz

Oben: **Ab 1986 baute Magirus die großen Drehleiten auf Iveco-Chassis. Abgebildet ist ein Iveco 260-32 AH (6x4) mit DL 50 für die BF Macao** (Foto: Dieter Hasemann)
Unten: **Die Firma Simon-LTI trat erstmals 1988 mit hohen Drehleitern vor die Öffentlichkeit. Auf der Fachmesse „Interschutz" präsentierte man eine DL 46 (150 ft.) für die UDSSR auf einem russischen Kraz-Dreiachser** (Foto: Dieter Hasemann)

Firma SPI noch einen Schritt weiter und baute erstmals eine 150 ft. (46m)-Leiter, und 1988 erschien LTI, damals bereits zum Simon-Konzern ge-hörend, mit einer 150 ft. (46m)-Leiter, die auf der Fachmesse "Interschutz" ausgestellt war. Besonders problematisch für Magirus und Metz war die Tatsache, daß diese hohen amerikanischen Leitern nicht in den USA eingesetzt wurden, wo die beiden deutschen Firmen ohnehin keine Ambitionen hatten, sondern in den Export, hauptsächlich nach Asien und Lateinamerika, gingen. Simon-LTI konnte bis heute nur ein einziges Exemplar einer DL 46 an eine US-Feuerwehr verkaufen, SPI überhaupt keine. Lediglich einige DL 41 von Emergency One befinden sich im Besitz nordamerikanischer Feuerwehren. Stattdessen lieferte SPI einige DL 46 nach Taiwan, und Simon-LTI verkaufte zahlreiche hohe Drehleitern nach Mexiko

Oben: **Seit 1983 baut auch der nordamerikanische Hersteller Emergency One hohe Drehleitern. Eines der ersten Modelle der DL 41 (135 ft.) ging an die Feuerwehr Washington. Recht bizarr wirkt die halboffene Bauweise der verlängerten Mannschaftskabine** (Foto: Jürgen Kiefer)

Unten: **Bei deutschen Feuerwehren sind hohe Drehleitern eine Seltenheit. Eine von nur zwei eingesetzten Metz DLK 44 befindet sich bei der BF Hoyerswerda. Basisfahrgestell ist der Iveco 260-34 AH (6x4)** (Foto: Andreas Ahrens)

Oben: **Das Foto zeigt die alte und die neue Version der Magirus DLK 50. Links das 1994 gebaute Fahrzeug der Feuerwehr Brünn, erstmals wurde ein Iveco EuroTrakker des Typs 260 E 34 (6x4) verwendet** (Foto: Dieter Hasemann)
Unten: **Die neuste Ausführung der großen Metz DLK 53 wird zumeist auf Mercedes-Dreiachsern der Typen 2429 oder 2631 mit Fernfahrerkabinen aufgebaut** (Foto: Dieter Hasemann)

Die BF Luxemburg besitzt seit 1992 einen Iveco 260-34 AH (6x4) mit Magirus DL 50 in der Ausführung mit tiefergelegtem Führerhaus (Foto: Dieter Hasemann)

und Süd-amerika, einst wichtige Absatzmärkte für die Deutschen.

Sogar in Europa gibt es mittlerweile 46m-Leitern von Simon-LTI. Russland erhielt einige Exemplare und die BF Prag, die 1994 zwei Leitern bekam. Die Japaner haben es in Europa bislang noch nicht geschafft, den Deutschen Marktanteile wegzunehmen, in Asien und Lateinamerika hingegen sind sie auf dem Vormarsch. Und es sind gerade diese Regionen der Erde, wo die meisten hohen Leitern in der Vergangenheit abgesetzt wurden. In Europa waren hohe Drehleitern hauptsächlich im Osten gefragt, in Ungarn, der CSSR und Rumänien waren es bevorzugt DL 44, in Polen, der UdSSR und Griechenland waren es DL 50/52. Nur sehr vereinzelt wurden auch mal in Belgien oder Italien, in Schweden oder Österreich hohe Leitern eingesetzt. In Großbritannien, Irland, Dänemark oder Norwegen hat es beispielsweise nie Drehleitern gegeben, die höher als 30m waren.

Erstaunlicherweise sind in den letzten Jahren zwei neue, hohe Drehleitern für deutsche Feuerwehren beschafft worden. Beides sind DLK 44 von Metz, die auf schwere Dreiachsfahrgestelle montiert wurden. 1989 erhielt die Feuerwehr des Flughafens Berlin-Tegel eine derartige Leiter auf dem Mercedes 2228 (6x2), und 1993 wurde das gleiche Leitermodell, aufgebaut auf Iveco 260-34 AH (6x4) an die BF Hoyerswerda geliefert.

Dieses war eine der letzten 44m-Leitern überhaupt. In den letzten drei Jahren sind bei Metz und Magirus kaum noch Bestellungen für dieses Leitermodell eingegangen. Es fiel schon auf, daß auf der letzten

Mittlerweile gibt es auch hohe Drehleitern von Simon-LTI in Europa. Die BF Prag beschaffte 1994 zwei DL 46 (150 ft.), aufgebaut auf Scania P 113 E (6x4) mit serienmäßiger Staffelkabine (Foto: Dieter Hasemann)

"Interschutz" 1994 keine der beiden Firmen mit einer 44m-Leiter vertreten war. Seltsamerweise werden diese Leitern seit 1994 in den Prospekten auch anders bezeichnet.

Metz nennt sein Modell nun DLK 46 und Magirus DLK 45, obwohl es sich nach wie vor um 44m-Leitern handelt. Beide Firmen geben neuerdings die sogenannte Arbeitshöhe an, nicht die Steighöhe. Damit macht man die Leitern höher, als sie tatsächlich sind. Ob das am Konkurrenzdruck liegt? Will man den Kunden vormachen, auch wir bauen 150 ft. (46m) - Leitern?

Zwar konnte Magirus mit Einführung der neuen Iveco-Lastwagen noch einige hohe Drehleitern verkaufen, z.B. DLK 50 auf Iveco EuroTrakker 260 E 34 (6x4) für Brünn und kürzlich drei Exemplare für Hongkong. Andererseits ging ein riesiger Auftrag über 20 Drehleitern der BF Bangkok, der vor zehn Jahren noch mit Sicherheit an Metz oder Magirus gegangen wäre, jetzt an Simon-LTI, die ihr neuestes Spitzenmodell DL 52 (170 ft.) auf Scania-Chassis liefern. Der Grund dürfte klar sein. Nicht die bessere Qualität entscheidet, sondern der Preis. Die deutschen Produkte sind, wie in so vielen Bereichen, auch hier zu teuer. Viele Kunden, besonders auf anderen Kontinenten, wechseln zu preiswerteren Anbietern. Andere verwenden überhaupt keine Drehleitern mehr, sondern die großen Kombigeräte GB/DL von Simon und Bronto. Ganze Regionen, wie Südamerika oder Südafrika, sind den deutschen Drehleiterbauern weggebrochen. Und selbst in Europa, in Großbritannien, Skandinavien oder Frankreich hat die Nachfrage nach deutschen Drehleitern stark nachgelassen.

Metz und Magirus müssen sich schon anstrengen, um die nächsten Jahre gut zu überstehen.

"Durch der Hände lange Kette..."

(Friedrich Schiller)

Ansprache anläßlich der Weihe des neuen Tragkraftspritzenfahrzeugs TSF-W der Freiwilligen Feuerwehr der Stadt Winterberg, Löschgruppe Grönebach, am 8. August 1993 in Grönebach

von Monsignore Dr. Wilhelm Kuhne

Liebe Männer der Feuerwehr,
besonders der Löschgruppe Grönebach!
Verehrte Gäste und Bürger
unserer Gemeinde!
Schwestern und Brüder in Christus!

Eine Gemeinde ist keine uniforme, sollte keine uniformierte Gesellschaft sein. Sie hat viele Gruppen und Vereine. Gerade unser sogenanntes modernes Leben bedarf ihrer, weil durch sie die von außen auf uns alle einwirkende Nivellierung gemindert wird. Alle tragen dazu bei, daß die Menschen einer pluralen Welt ihren individuellen Neigungen nachgehen, ihre persönlichen Interessen pflegen, ihre Begabungen entfalten können. Die verschiedenen Gruppen und Vereine müssen von ihrem jeweiligen Auftrag, ihrem Ziel und Zweck her beurteilt und bewertet werden. Wer das private Hobby pflegt, wer ausschließlich nach "innen", also auf das Wohl der Mitglieder hin orientiert ist - auch diese Gruppen haben ihre Bedeutung - ist anders zu bewerten als eine dem Ganzen dienende Vereinigung. Jedermann ist einsichtig, daß Organisationen im Dienste des Dorfes von besonderer Qualität sind. Zur Gruppe der den moralischen Anspruch "Solidargemeinschaft" zu Recht Beanspruchenden gehört zweifellos die Freiwillige Feuerwehr. Als sich freiwillig in den Dienst anderer Menschen und unserer Gesellschaft stellende, ihr u. U. auch unter Inkaufnahme von Gefahr für Leib und Leben verpflichtende Gemeinschaft gehört die Feuerwehr von altersher zur allerseits geachteten und geschätzten Organisation mit "menschlichem Antlitz". Die Tradition des hohen Offiziers aus dem römischen Heer, des um 304 gemarterten heiligen Florian als Patron der Feuerwehr, aber auch die Beliebtheit des Agatha-Patronats in unserem Lande, der Fürsprecherin und Schützerin in Feuergefahren, weisen in die gleiche Richtung: In der Feuerwehr kristallisiert sich das Bemühen, der "Himmelskraft" des Feuers, "wenn sie der Fessel sich entrafft" und als "freie Tochter der Natur - einher tritt auf der eignen Spur" (Friedrich Schiller), entgegenzutreten.

Sie, liebe Feuerwehrmänner von Grönebach, Sie und Ihre Vorgänger seit dem Jahre 1927, haben "durch der Hände lange Kette" den Eimer gereicht - um es im Zeichen auszudrücken - und waren immer bereit, Ihren Einsatz für unser Dorf und unsere Heimat zu leisten.

Wenn in einer relativ kleinen Gemeinde immerhin 24 Männer aktiv mittun, was heu-

Löschgruppenführer Josef Krevet und Monsignore Dr. Wilhelm Kuhne ...

...bei der Weihe des Tragkraftspritzenfahrzeugs TSF-W.

te im Grunde heißt: "Mädchen für alles" (so formulierte es ein Mitglied Ihrer Gemeinschaft) zu sein, so ist dies an einem für die Löschgruppe Grönebach wichtigen Tag Anlaß für die ganze Gemeinde, Dank zu sagen. In einer Zeit individualistischen Denkens und noch mehr Handelns, eines sich Zurückziehens vieler Zeitgenossen ins ausschließlich Private, des Ohne-mich-Standpunktes vieler, in solchen Zeiten geben Sie, liebe Feuerwehrmänner, ein Beispiel. Sie dokumentieren, was in einem modernen Lied gesungen wird: "Der eine lebt vom anderen, für sich kann keiner sein, wir leben füreinander, und nur die Liebe zählt" (Lothar Zenetti 1971). Mit der Spritze hinter dem Pferdewagen, sodann hinter einem Traktor, begannen die Gründer, Ihre "Amtsvorgänger", deren wir in dieser Feier ehrend gedenken. Im Jahre 1973 erhielten Sie ein Fahrzeug, dem nun das Tragkraftspritzenfahrzeug TSF-W als neuestes, dem technischen Fortschritt dieser Zeit angepaßt, folgt. Wenn wir diesem "Apparat", Ihr Handwerkszeug, die kirchliche Weihe geben, so wird dadurch natürlich keine Wundermaschine geschaffen, kein "Deus ex machina". Gott will unser, will Ihr Zutun. Aber die Maschine, das Fahrzeug, soll Ihnen Hilfe sein, Gefahren, besonders Feuergefahren, von uns allen abzuwenden, damit – nochmals sei er zitiert – Schillers Wort bleibt: "Wohltätig ist des Feuers Macht, wenn sie der Mensch bezähmt, bewacht" – denn "Was er bildet, was er schafft, das dankt er dieser Himmelskraft" (Friedrich Schiller, Das Lied von der Glocke).

Feuer wie Wasser sind zwei für den Menschen lebensnotwendige Elemente. Sie sind aufeinander bezogen. Feuer bringt Wasser zum Kochen. Zugleich aber schließen sich Feuer und Wasser auch gegenseitig aus. Über beide Urelemente macht das Buch der Bücher viele Aussagen. Schon im ersten Vers ist die Rede von der Urflut, vom Wasser, über die Gottes Geist schwebt (Gen 1,2); es spricht von der Scheidung des Wasser(s) vom Wasser (Gen 1,6), von der Arche auf der immer mehr ansteigenden Wasserflut (Gen 7,17 ff.); vom Wasser, das zu Wein verwandelt (Joh 2,9) und dem Wasser am Jakobusbrunnen (Joh 4,7 ff.) bis zum "Wasser des Lebens, klar wie Kristall"; ausgehend vom Throne Gottes und dem des Lammes (Offb 22,1), um nur einige wenige "Stellen" aus den heiligen Büchern anzuführen. Aber ebenso hat auch das Element "Feuer" seinen Platz in der Heiligen Schrift – wie könnte es auch anders sein in einem Buch, das für uns Christen Weisheitsbuch schlechthin ist.

Von jener "Flamme, die aus einem (brennenden) Dornbusch emporschlug (Ex 3,2), in der Mose seine Berufung zum Volksführer erhielt; über die Gesetzgebung, die Übergabe der "10 Gebote", als der ganze Sinai in Rauch gehüllt war, weil der "Herr im Feuer auf ihn herabgestiegen war" (Ex 19,18). Die Bibel spricht vom Feuer, in dem das Unkraut verbrannt wird (vgl. Mt 13,40) und enthält auch das "Weg von mir, ihr Verfluchten, in das ewige Feuer" (Mt 25,41). Auch die anderen Aussagen dürfen wir nicht unterschlagen, nach denen "unser Gott ein verzehrendes Feuer ist" (Hebr 12,29), dessen Sohn, Jesus Christus zu uns kam, "um Feuer auf die Erde zu werfen", und sagte: "Wie froh wäre ich, es würde schon brennen" (Lk 12,49).

Liebe Männer der Feuerwehr, Feuer und Wasser sind die Ihnen "anvertrauten" Elemente. Möchten Sie manchmal an diese und andere Worte der Hl. Schrift denken. Die mit Feuer gemachten Erfahrungen der Dichter und Denker sind nicht einmal hier genannt. Alle aber erzählen vom Geheimnis dieser Elemente, wie z. B. Gotthold Ephraim Lessing in seinem "Nathan der Weise": "Denn seit das Feuer mir so nahe kam, dünkt mich im Wasser sterben Erquickung, Labsal, Rettung" (1779, A1, Sz. 2. Recha). Erinnert sei an die "übertragende" Sinngebung vom Feuer der Leidenschaften. Als junger Mensch habe ich – und vermutlich auch einige von Ihnen, zumal hier in unserem Dorf – in jenen bösen Ostertagen 1945 noch erleben müssen:

Rot wie Blut ist der Himmel
Flackernd steigt die Feuersäule
durch der Straßen lange Zeile,
glühn die Lüfte, Balken krachen
Kinder jammern,
Tiere wimmern
Taghell ist die Nacht gelichtet
Leergebrannt
ist die Stätte
In den öden Fensterlöchern
wohnt das Grauen

FRIEDRICH SCHILLER

Wer könnte heute bei solchen Gedanken "weit weggehen"? Sind uns die Fernsehbilder von Mölln und Solingen, von Bosnien und anderswo nicht schlimme Gegenwart? Aber es gibt auch "Hitzköpfe", denen im Gefecht des Alltags, im Streit der Meinungen – so berechtigt und notwendig sie sind – Abkühlung gut täte!

Liebe Schwestern und Brüder, Feuerwehrmänner von Grönebach, verehrte Gäste, Sie ahnen, daß uns die Weihe des neuen Fahrzeugs Anlaß gibt zu vielem Nachdenken. Die Feuerwehr ist "mehr", als man so gemeinhin meint. "Wasser marsch" lautet das Feuerwehrwort. "Neuen Wein" füllt man nicht in alte Schläuche, sonst reißen die Schläuche, der Wein läuft aus. "Neuen Wein füllt man in neue Schläuche, dann bleibt beides erhalten" (Mt 9,17), so sagt Jesus. Möchte dieser Tag ein Neuanfang sein, mit neuem Gerät, aber auch mit erneuertem Berufsideal. Dann dürfen Sie auch neuen Wein, spritzigen, ehrenvoll genießen.

Das wünsche ich Ihnen! Gott zur Ehr, den Menschen zur Wehr!

Seltene Feuerwehrfahrzeuge

von Udo Paulitz

Oben: **Ein Kübelwagen für Mannschaftstransporte der Bereitschaftspolizei stand Pate für dieses Tragkraftspitzenfahrzeug auf Hanomag L 28 G der FF Beuchte/Harz. Der 1958 von der Firma Hebmüller aufgebaute Wagen unterscheidet sich äußerlich – vom Farbanstrich einmal abgesehen – kaum von der Ursprungsausführung.**
Unten: **Relativ selten wurde das Allradfahrgestell des Hanomag L 28 (A-L 28) für Feuerwehraufbauten verwendet. Dieses 1969 von der Firma Arve/Springe für die FF Altenau/Harz gebaute LF-TS besitzt die neue, kantige Hanomag- Motorhaube und einen im Geräteaufbau integrierten Mannschaftsraum.**

Oben: **Ebenfalls zu den seltenen und von Sammlern gesuchten Erscheinungen im Feuerfahrzeugbau gehörten die Produkte des LKW- Herstellers Henschel/Kassel. Noch bis Ende der 80er Jahre stand dieses von Arve 1962 aufgebaute LF 16 beim Löschzug Nieder- Weisel der FF Butzbach im Dienst. Verwendet wurde hier das Chassis des Haubenallradkippers HS 11 HAK mit 132 PS Leistung. Dem vernehmen nach wird das Einzelstück von einem Sammler erhalten.**

Unten: **Nur in kleinen Stückzahlen erstellte der Feuerwehrausrüster Albert Ziegler/Giengen Löschgruppenfahrzeuge LF 16-TS auf Mercedes -Benz -Fahrgestellen der 311er- Serie. Dieses 1960 auf LF 311/42-Chassis aufgebaute Fahrzeug befand sich noch in den 80er Jahren im Dienst der FF Sinzheim.**

Oben: **Viele Feuerwehren sind bestrebt, in ihrem ursprünglichen Verwendungszweck nicht mehr einsatzfähigen Fahrzeuge, durch entsprechende Umbauten neue Aufgaben zuzuführen. Ein Beispiel ist dieses ehemalige TLF 15 der BF Duisburg, das zu einem Gerätewagen- Öl umfunktioniert wurde. Das KHD- S 3500 Fahrgestell stammt von 1955 und das Fahrzeug gehörte noch in den 80er Jahren zum Einsatzbestand.**
Unten: **Nicht allzu häufig werden Drehleitern mit Vorbaupumpen ausgerüstet, denn die mit diesem zusätzlichen Gewicht belastete Vorderachse eines solchen Fahrzeugs ist schwer lenkbar. Ein Beispiel ist diese DL 30 mit hydraulischem Leiterantrieb und Truppkabine auf KHD- Fahrgestell F 125 Mercur der WF Hoechst aus dem Jahre 1962.**

Oben: **Das hier gezeigte TLF 15, das – mit Lamellenverschlossenen Geräteräumen – auch als GW verwendet wurde, gibt manche Rätsel auf. Vieles spricht dafür, daß dieses durch Eigenumbau der WF EBV/Ahlen/-Westfalen entstandene Fahrzeug ursprünglich eine DL 25 mit Staffelfahrerhaus gewesen ist, bei der man den Leiteraufbau gegen den abgebildeten Gerätekoffer austauschte. Das KHD S 3500-Chassis ist von 1950.**
Unten: **Bekannt geworden sind diese auf dem leichten Mercedes- Benz LPF 710/32- Fahrgestell von Bachert aufgebauten LF8- TS durch Beschaffungen der Hamburger Feuerwehren. Dieses 1964 gebaute Fahrzeug hingegen wurde an die hessische FF Gambach geliefert, wo es sich noch zu Beginn dieses Jahrzehnts im Dienst befand.**

Oben: **Nicht gerade häufig waren KHD- Fahrgestelle mit Aufbauten, die nicht von Magirus/Ulm erstellt worden waren. 1970 beschaffte die FF Ründeroth ein von Bachert aufgebautes TLF 16 auf dem 150 PS- KHD- Fahrgestell 150 D 10 A, das zusätzlich mit einer 5t- Vorbauseilwinde ausgestattet ist.**
Unten: **Äußerlich ist dieses 1959 von Metz auf Mercedes- Benz LAF 311/36- Allradfahrgestell aufgebaute Fahrzeuge von einem "normalen" TLF 16 kaum zu unterscheiden. Im Inneren wurde das durch Neubeschaffung in den 70er Jahren überzählig geworden Tanklöschfahrzeug zu einem Gerätewagen umgebaut, der noch Mitte der 80er Jahre dem Einsatzbestand des FF Mölln angehörte.**

Oben: **Das unter dem Spitznamen "Nato- Ziege" bekannt gewordene Ford-3-t-Militärfahrgestell G 398 SAM wurde zwischen 1955 und 1961 ursprünglich vorzugsweise als Küchen- Schreibstubenwagen bei der Bundeswehr verwendet. Das abgebildete, 1959 gebaute Fahrzeug der FF Kempten/Allgäu, leistet als in Eigenregie umgebauter RW- Öl noch gute Dienste.**
Unten: **Dieses FLF 25 mit Metz- Aufbau auf Mercedes-Benz LAF 322/32- Fahrgestell gehörte in den 80er Jahren zum Einsatzbestand der Flughafenfeuerwehr Bremen. Das 1961 gebaute Fahrzeug führte 2500 l Wasservorrat und 250 kg Pulver als Beladung mit.**

Oben: **Die vom Feuerwehrausrüster Buschmann/ Hoya gelieferten Fahrzeuge gelangten über den Regionalbereich kaum hinaus und waren daher auch entsprechend wenig vertreten. Dazu gehörte auch dieses LF8-TS auf Hanomag L 28, das die FF Brinkum bei Bremen 1954 in Dienst stellte.**
Unten: **Der Bedarf an Schlauchwagen war bei den westdeutschen Feuerwehren in den 50er Jahren nur relativ gering. Nur vier Exemplare dieses SW 2000 lieferte daher Metz an verschiedene Wehren, in diesem Fall nach Tuttlingen. Für das 1955 gebaute Fahrzeug wurde ein Mercedes- Benz LAF 3500/ 42- Chassis verwendet.**

Oben: **Ein Unikat besonderer Art ist dieser auf Mercedes- Benz L 4500 S errichtete Schlauch- Gerätewagen der FF Neu- Ulm. Das 1943 gebaute Fahrgestell wurde 1949/50 von der Firma Saumweber mit einem Kofferaufbau versehen, der neben 2000 m Schlauchvorrat als Beladung auch einen Mannschaftskabine besaß. Das imposante Fahrzeug befand sich noch zu Beginn der 80er Jahre im Einsatz.**
Unten: **Ein weiteres Beispiel für Findigkeit und Umbauwilligkeit der Feuerwehren ist dieser auf KHD F 125 Mercur durch Umrüstung aus einem TLF 16 von 1958 entstandene leichte Kranwagen der BF Duisburg. Bis ca. Mitte der 80er Jahre konnte man dieses Einzelstück dort noch bewundern.**

Oben: **1949 ist das Baujahr dieses von der Karosseriefirma Hendricks aufgebauten ehemaligen Kastenwagens der Magarine- Union, Kleve. Der auf Mercedes- Benz L 3250/36 erstellte Wagen wurde vermutlich in den 60er Jahren von der Werkfeuerwehr des Unternehmens in Eigenarbeit zum LF8 umgebaut. In dieser Funktion befand sich dieses Einzelstück noch bis 1975 im Dienst. Seither genießt der Oldtimer – im übrigen voll funktionsfähig – bei einem Sammler sein Gnadenbrot.**
Unten: **Werkfeuerwehren waren schon seit jeher bekannt für oftmals ganz individuell gestaltete Fahrzeuge. Dieses SLF 50 (Löschmittel Tutogen), in Eigenleistung von der WF Chemische Werke Hüls, Herne aufgebaut, bestätigt dies in vollem Umfang. Zur Verwendung kam ein Henschel 100K- Kipperfahrgestell von 1958, auf das ein 5000 l fassender Kunstharztank und eine TS 16/8 gesetzt wurden.**

Nicht immer bot sich die Gelegenheit, eine Drehleiter anläßlich eines Fototermins in ausgefahrenem Zustand zu bewundern. Hier präsentiert sich die DL 22+2 auf KHD S 3500 von 1954 des Löschzuges Percha der FF Starnberg in ihrer ganzen Herrlichkeit. Wie man sieht, sind auch 22 Meter schon eine nicht zu unterschätzende Höhe!

Oben: **Dieses ehemalige LF 15 (DB- Aufbau) auf Mercedes- Benz L 3000 S wurde nach dem Kriege von der österreichischen Feuerwehr Stallhofen zu einem TLF 2500 umgebaut. Ungewöhnlich, aber auch sehr fortschrittlich, sind die Rolladenverschlüsse an diesem aus dem Jahre 1942 stammenden Fahrzeug.**
Unten: **Die BF München beschaffte sich 1957 ihren zweiten Pionierwagen nach dem Kriege. Der auf dem schweren Rundhauberfahrgestell KHD F Jupiter von Magirus aufgebaute Wagen wurde in den 70er Jahren an die FF Münnerstadt veräußert, wo er - wie hier abgebildet - noch als RW 2 im Dienst stand.**

MAN-Flugplatzlöschfahrzeuge

von Dieter Hasemann

Flugplatzlöschfahrzeuge der unterschiedlichsten Hersteller werden heute in großer Zahl auf Fahrgestelle der bayerischen Lkw-Marke MAN gebaut. Fast alle Feuerwehren deutscher Verkehrsflughäfen besitzen einen oder mehrere MAN, einige haben sogar komplette MAN-Flotten. Und selbst bei ausländischen Flughafenfeuerwehren, ob in Europa oder Übersee, sind MAN-Fahrzeuge mittlerweile ein gewohnter Anblick. Man kann sogar sagen, daß MAN in dem speziellen Marktsegment der hochgeländegängigen Flugplatzlöschfahrzeuge (FLF) heute dominierend ist.

Diese Tendenz begann Anfang der 80er Jahre mit der Vorstellung von schnellen Geländefahrzeugen, die aus der Militärlastwagenproduktion abgeleitet wurden. Innerhalb von wenigen Jahren ging die Entwicklungsarbeit vom zweiachsigen 14tonner bis zum vierachsigen 38tonner, dem größten serienmäßigen Geländefahrgestell mit dem stärksten derzeit lieferbaren Lkw-Motor. Mit den riesigen FLF der Modelle MANSK 14, Panther und Z 8, aufgebaut auf MAN 38.1000 VFAEG (8x8), hat sich MAN eine technologische Spitzenposition erobert und steht nahezu konkurrenzlos da.

Selbst bei den normal dimensionierten FLF hat MAN unterdessen eine Marktführungsposition erreicht. Doch es hat lange gedauert, bis man bei den Bayern die Chance erkannte und sich überhaupt im Feuerwehrsektor richtig engagiert hat. Blickt man einmal zurück, so findet man noch zu Zeiten der alten Hauber die ersten MAN-Flugplatzlöschfahrzeuge.

Der Flughafen München-Riem erhielt 1963 ein TroLF 1500 der Firma Total auf MAN 635 HA (Foto: Rainer Matthies)

Das vermutlich erste MAN-Fahrzeug, das bei einer Flughafenfeuerwehr im Einsatz stand, war ein TroLF 1500, das 1963 für den Flughafen München-Riem beschafft wurde. Die Firma Total baute zwei große Pulverkessel á 750 kg mit vier Treibgasflaschen und Schnellangriff auf ein MAN-Allradchassis des Typs 635 HA, das von einem 135 PS starken Dieselmotor angetrieben wurde. Damals hatte man noch nicht die Angewohnheit, alles zu verkleiden, deshalb waren die Kessel nicht hinter Türen oder Rolläden verborgen, sondern standen offen auf einer Plattform.

Die nächsten MAN-Flugplatzlöschfahrzeuge entstanden erst Ende der 60er Jahre. Besteller der beiden Sonderfahrzeuge war aber kein Verkehrsflughafen, sondern ein Betriebsflugplatz. Der Flugzeughersteller Dornier hatte in der Nähe von München eine Fabrik mit angeschlossenem Privatflugplatz und eigener Feuerwehr. So erhielt die WF Dornier 1969/70 ein TroLF 2000 und ein TLF bzw. FLF 7000, beide auf der Basis der MAN-Hauber.

Für das TroLF mit dem großen 2000 kg fassenden Pulverkessel verwendete man den MAN 450 HA-LF, ein speziell für die Feuerwehr konzipiertes Fahrgestell mit einem 150-PS-Dieselmotor des Typs MAN D 0836 HM7.

Das von der Firma Bachert gebaute FLF 7000 führte an Löschmittelmengen 6000 l Wasser und 1000 l Schaummittel, die über Dachmonitor oder Schnellangriffshaspel abgegeben werden konnten. Aufbau und Staffelkabine waren auf einem MAN des Typs 13.240 HA montiert, einem 16tonner mit langem Radstand (5200 mm), einem 230-PS-Motor und einer Bachert-Pumpe mit 2400 l/min Ausstoß.

Auf die gleichen Fahrgestelle, jedoch mit den 215-PS-Motoren, baute nahezu gleichzeitig die Firma Metz FLF für den Flughafen Buenos Aires. Die argentinischen Feuerwehren waren während der 60er und 70er Jahre wichtige Kunden von MAN. Sie kauften die Hauber gleich dutzendweise für die unterschiedlichsten Einsatzzwecke, und alle wurden sie von Metz aufgebaut und ausgerüstet.

Die argentinischen FLF 6000 besaßen einen 6000 l fassenden Löschwassertank, jedoch kein Schaummittel. Statt dessen wurden im Geräteraum hinter der Kabine sechs Flaschen Co_2 mitgeführt. Am Heck befand sich die Metz-Pumpe FPH 16/8, die einen maximalen Ausstoß von 3000 l/min leistete. Auf deutsche Flughäfen kamen während der 70er Jahre nur drei neue MAN-Fahrzeuge. Der Flughafen Frankfurt/Main, der ja gegenwärtig als einziger neben dem Flughafen Köln/Bonn keine MAN-Fahrzeuge besitzt, beschaffte in den Jahren 1974, 1978 und 1980 zwei GTLF 6000 und ein TroTLF 24/40/4 auf schweren MAN-Dreiachsern des Typs 26.320 DHAK (6x6).

Diese für 26 t Gesamtgewicht zugelassenen Allradkipperchassis wurden von dem V8-Turbodiesel MAN D 2538 MT angetrieben, der 320 PS leistete. Die Aufbauten erstellte die Firma Ziegler, die sich damals erst langsam in den Bereich der Flughafenlöschfahrzeuge vorwagte.

Die beiden GTLF 6000 (bei Ziegler auch FLF 24/60-6 genannt) führten in den Tanks 6000 l Wasser und 600 l Schaummittel, sie besaßen eine Ziegler-Pumpe des Typs FP 24/8 (2400 l/min) und einen Dachmonitor mit einer Leistung von 2000 l/min. Beide Fahrzeuge waren baugleich und verfügten über eine Staffelkabine. Demgegenüber besaß das TroTLF eine einfache Truppkabine, dafür aber einen längeren Aufbau. Darin befanden sich ein Tank mit 4000 l Wasser, ein weiterer mit 400 l Schaummittel und eine Pulverlöschanlage mit 2000 kg Fassungsvermögen. Eine eingebaute Ziegler-Pumpe FP 24/8 und ein Dachmonitor komplettierten die löschtechnische Ausrüstung. Anfang der 90er Jahre wurden

Oben: **Für Argentinien baute Metz 1970 FLF 6000 auf MAN 12.215 HA mit sehr langem Radstand**
(Foto: Metz)

Unten: **Auf die schweren MAN 26.320 DHAK (6x6) baute Ziegler 1974 und 1978 je ein GTLF 6000 für den Frankfurter Flughafen** (Foto: Ziegler)

Oben: Wirksam in Szene gesetzt präsentiert sich das Rosenbauer FLF 7000 auf MAN 26.320 DFAE (6x6). 22 derartige Fahrzeuge gingen 1977 an alle großen indischen Flughäfen (Foto: Rosenbauer)
Unten: Rosenbauer nannte seine erste Baureihe von Flugplatzlöschfahrzeugen "Buffalo". Der gelbe Prototyp wurde 1980 auf der Interschutz vorgestellt. Basisfahrgestell war der MAN/ÖAF 26.440 DFAE (6x6) (Foto: Rosenbauer)

Oben: **1993 und 1995 erhielt der Flughafen Zagreb je ein FLF 10000 Buffalo auf MAN/ÖAF 26.502 DFAE (6x6). Es waren die letzten Modelle des Buffalo auf MAN-Chassis** (Foto: Rosenbauer)
Unten: **Zieglers FLF 48/80 wurde 1985 für den Flughafen Hannover gebaut. Das Allradfahrgestell ist identisch mit dem Buffalo, also ein MAN-26-Tonner mit einem 440-PS-Motor** (Foto: D. Hasemann)

die drei Frankfurter Fahrzeuge bereits wieder ausgemustert und verkauft.

Nach den doch recht mageren Zeiten mit den MAN-Haubern begann zum Ende der 70er Jahre die sehr erfolgreiche Periode der MAN-Frontlenker.

Zunächst begann es im Ausland, in Indien und Argentinien. Im Februar 1978 lieferte Metz erstmals ein FLF 5000 auf einem MAN-Frontlenker des Typs 19.320 FAK nach Lateinamerika. Dieser allradgetriebene Zweiachser mit dem 320-PS-Turbomotor war eine Variante des genormten TLF 24/50. So transportierte das FLF 5000 demzufolge 5000 l Löschwasser und 500 l Schaummittel und besaß eine Metz-Pumpe mit einer Leistung von 2400 l/min.

Kurz zuvor, noch im Jahre 1977, begann ein anderer Feuerwehrausrüster, FLF auf MAN-Frontlenker aufzubauen. Rosenbauer, heute der weltweite Marktführer bei FLF, baute eine Serie von 22 FLF 7000 für Indien. Ausgestattet mit 7000 l Wasser, 630 l Schaummittel, einer Rosenbauer-Mittelpumpe des Typs R 480 (6000 l/min) und einem Dachmonitor RM 50J (3000 l/min) sieht man diese Fahrzeuge noch heute auf den großen indischen Flughäfen wie Bombay, Madras oder Delhi.

Als Basisfahrgestelle verwendete Rosenbauer die MAN 26.320 DFAE (6x6), also wiederum ein Chassis für 26 t GG und den großen V8-Motor mit 320 PS Leistung. Die serienmäßige Fernfahrerkabine wurde von Rosenbauer dahingehend umgebaut, daß man zusätzlich eine rückwärtige schmale Sitzbank für drei Männer erhielt, und zwei hintere Türen, die schwierig, weil sehr hochliegend, zu erklimmen waren.

1979 entwickelte Rosenbauer dieses Fahrzeug weiter und es entstand daraus das FLF Buffalo, das erstmals 1980 auf der Fachmesse "Interschutz" in Hannover der Öffentlichkeit vorgestellt wurde.

Abermals wurde das dreiachsige Geländefahrgestell für 26 t GG verwendet, nun aber mit dem damals stärksten MAN-Motor, dem Typ D 2540 MTF, einem V10-Motor mit 440 PS Leistung. Die Herstellung dieser einzelbereiften Geländechassis erfolgte bei der österreichischen MAN-Tochter ÖAF. Gegenüber den indischen Fahrzeugen wurde die Schaummittelkapazität des Buffalo etwas erhöht, so daß der Prototyp 7000 l Wasser und 1000 l Schaummittel transportierte. Später gab es auch Ausführungen mit den Mengen 8000/1000 und 9000/1000. Der Prototyp hatte wiederum eine modifizierte MAN-Fernfahrerkabine mit vier Türen und einer hinteren Sitzbank. Die meisten Fahrzeuge erhielten jedoch nur zwei Türen, z. B. die Versionen für Norwegen, Irak, Südafrika und Österreich.

Auch Ziegler lieferte 1985 ein FLF auf MAN 26.440 DFAE (6x6) aus, das dem Buffalo sehr ähnlich sieht. Das FLF 48/80 für den Flughafen Hannover führte 8000 l Wasser und 800 l Schaummittel und hatte eine zweistufige Ziegler-Pumpe des Typs FP 48/8 mit einer Leistung von 4000 l/min bei acht bar oder 250 l/min bei 40 bar im Hochdruckteil.

1979 erschien ein Anforderungskatalog für spurtstarke Schnellangriffsfahrzeuge. Die wichtigsten Baurichtlinien waren:

- Motorleistung von mindestens 30 PS/t
- Höchstgeschwindigkeit mindestens 125 km/h
- Beschleunigung von 0 auf 80 in 20 Sekunden
- hohe Geländetauglichkeit und Allradantrieb
- Bodenfreiheit von mindestens 200 mm
- Böschungswinkel von mindestens 30°
- Löschwassermenge 800 l bis 1000 l
- Ergänzungslöschmittel 250 kg (z. B. Pulver)

Aufgrund dieser Bedingungen schien es kaum möglich, ein geeignetes Lkw-Chassis zu finden. Die Überlegungen gingen zunächst dahin, einen Geländewagen, halb Pkw, halb Lieferwagen, zu verwenden. Derartige Fahrzeuge wurden seinerzeit hauptsächlich von japanischen Auto-

Oben: **Einige Besonderheiten weist der Jumbo Cheetah des Flughafens Auckland (Neuseeland) auf. Neben den Rollädenverschlüssen hat das Fahrzeug beidseitig offenliegende Schlauchhaspeln und eine Holzleiter auf dem Dach. 1986 wurde das Fahrzeug ausgeliefert** (Foto: D. Hasemann)
Unten: **Die letzte Bauform des Jumbo Cheetah repräsentiert das 1990 nach Dubai verkaufte Fahrzeug. Chassis ist der MAN 17.460 FAEG (4x4) nun mit kippbarer Kabine** (Foto: Rosenbauer)

produzenten wie Toyota und Nissan angeboten, aber auch von Land Rover oder Dodge. Nur diese Autos erfüllten die Voraussetzungen, und so baute Rosenbauer die ersten Exemplare des "Cheetah" auf Dodge W 300.

Doch es zeigte sich in der Praxis sehr schnell, daß die Fahrzeuge zu geringe Mengen an Löschmitteln mitführten, größere Vorräte waren aber aus Gewichtsgründen nicht möglich. Außerdem waren die Fahrzeuge so schnell und übermotorisiert, daß es zu einigen Unfällen kam.

Die Suche nach einem geeigneten Chassis ging weiter. Viele Serienfahrgestelle, wie beispielsweise der Unimog, waren zwar ideal im Gelände, konnten aber nicht annähernd die enormen Beschleunigungswerte und Höchstgeschwindigkeiten bieten. Andererseits waren die schnellen Lkw durchweg geländeuntauglich.

Schließlich blieb nur ein Chassis übrig, welches alle Anforderungen erfüllte, der zweiachsige MAN aus der Kat.I-Serie der Bundeswehrlastwagen. Dieser für militärische Zwecke entwickelte Allrad-Fünftonner war im Gelände unschlagbar, und er war geeignet, bei entsprechendem Antriebsstrang, auch große PS-starke Motoren aufzunehmen. So konstruierten die Techniker beim österreichischen MAN-Ableger ÖAF 1981/82 für Rosenbauer eine Art Sonderanfertigung des Militärfahrgestells, das für 14 t Gesamtgewicht konzipiert war und den großen 440-PS-Dieselmotor erhielt.

Auf dieses Chassis baute Rosenbauer einen Aufbau mit einem 2000-l-Wassertank, einem 280-l-Schaummitteltank, einer Schaumzumischanlage RVMA 230 und einer zweistufigen Pumpe des Typs R 280 mit Ausstoßraten von 2800 l/min bei zehn bar oder 400 l/min bei 40 bar. Auf dem Kabinendach befand sich der Monitor RM 50, der 1600 l/min bei maximal 50 m auswerfen konnte. Rosenbauers 1982 gefertigter Prototyp des schnellen Angriffsfahrzeugs, genannt "Jumbo Cheetah", wurde an den damals noch unter amerikanischer Verwaltung stehenden Militärflughafen Berlin-Tempelhof geliefert.

Der Jumbo Cheetah erfüllte die Normen spielend. So lag die Höchstgeschwindigkeit bei 130 km/h, der Beschleunigungswert bei 20 Sekunden von 0 auf 80 km/h. Mit dem überzeugenden Leistungsgewicht von 32,5 PS/t war der Jumbo Cheetah eines der schnellsten und spurtstärksten Feuerwehrfahrzeuge der Welt. Durch einen Böschungswinkel von 35°, 430 mm Bodenfreiheit und einem kurzen Radstand von 3800 mm bot der Jumbo Cheetah alle Voraussetzungen für optimalen Geländeeinsatz.

1983/84 verkaufte Rosenbauer zahlreiche Exemplare nach Norwegen, Saudi Arabien, Südafrika und Argentinien. Bereits 1985 erschien auf der Frankfurter "Interairport" eine vergrößerte Version. Auf dem 17tonner MAN-ÖAF 17.440 FAEG (4x4) wurde, in dem äußerlich nahezu unveränderten Fahrzeug, nunmehr 2400 l Löschwasser und 300 l Schaummittel mitgeführt, außerdem eine 250-kg-Pulverlöschanlage.

Eine erneute Modifikation erfuhr der Jumbo Cheetah 1988. Auf das verlängerte 17-t-Chassis (Radstand 4500 mm) wurde ein neuer Motor gesetzt, der MAN D 2840 mit einer Leistung von 460 PS. Bei einem Einsatzgewicht von fast 17 t ergab sich nun ein Leistungsgewicht von 27 PS/t und ein Beschleunigungswert von 20 Sekunden von 0 auf 80 km/h.

Das 1988 auf der Interschutz vorgestellte, und für Südafrika bestimmte Fahrzeug führte 3500 l Wasser und 350 l Schaummittel. Es waren aber auch andere Mengenverhältnisse möglich. Rosenbauer bot den Kunden ganz nach Wunsch Kapazitäten von 2000 l bis 3500 l Wasser und 300 l bis 500 l Schaummittel an, sowie Pul-

Oben: **Ein dem Jumbo Cheetah sehr ähnliches Fahrzeug ist das PLF 2000 des Flughafens Hannover. Außer 2000 kg Pulver führt das Fahrzeug umfangreiche medizinische Beladung für Notfälle**
(Foto: D. Hasemann)

Unten: **Abgebildet ist der 1983/84 gefertigte Bremer Eigenbau eines FLF 60/60 auf der Basis eines gebrauchten MAN-Testfahrzeugs der Bundeswehr** (Foto: D. Hasemann)

verlöschanlagen mit 250 kg, 500 kg und sogar 1000 kg.

Auch äußerlich unterschied sich der 88er Jumbo Cheetah von den Vorgängern. Erstmals hatte das Fahrzeug eine vollständig nach vorn klappbare Kabine, was an veränderten Radkästen zu erkennen war. Die Luftschlitze am Aufbau und hinter der Kabine verschwanden, Türen und Frontpartie waren aus neuen Pressteilen gefertigt.

Von der neuen Version konnte Rosenbauer nur noch wenige Exemplare verkaufen, die Ära der Jumbo Cheetahs ging zu Beginn der 90er Jahre bereits zu Ende. Immerhin wurden aber bis 1995 über 60 Einheiten in unterschiedlichsten Ausführungen gebaut. Hauptabnehmer, und in den letzten Jahren einziger Besteller war Norwegen mit allein 24 Fahrzeugen.

1991 bestellte auch wieder ein deutscher Flughafen, Münster/Osnabrück, ein Schnellangriffsfahrzeug, intern TroTLF genannt, da es neben 2500 l Wasser und 500 l Schaummittel auch 1000 kg Pulver führt.

Und noch ein ähnliches Fahrzeug steht auf einem deutschen Flughafen, auch wenn es kein lupenreiner Jumbo Cheetah ist. Es ist ein Pulverlöschfahrzeug, ohne Wasser und Schaum, dafür aber mit Sonderbeladung. 1992 erhielt der Flughafen Hannover ein Rosenbauer PLF 2000, aufgebaut auf MAN 16.372 FAEG (4x4). Das Fahrzeug hat praktisch das gleiche Chassis wie der Jumbo Cheetah, aber einen modernen MAN-Motor mit 370 PS, und es ist 25 cm länger. Neben der von Minimax gefertigten Pulverlöschanlage mit 2000-kg-Pulverkessel, vier Treibgasflaschen und einer Schnellangriffseinrichtung mit 30 m formfestem Schlauch, besitzt das Fahrzeug einen Rosenbauer-Monitor RM 60 EP mit einer Ausstoßrate von 50 kg/sek.

Zusätzlich dient das Fahrzeug der medizinischen Notversorgung bei Katastrophenfällen, deshalb befinden sich in den Geräteräumen drei große Metallkisten mit Verbandsmaterial, Infusionslösungen und Medikamenten, sowie 50 faltbare Krankentragen. Außerdem werden Sprungretter, Generator, Atemschutzgeräte und Handfeuerlöscher mit CO2 und Halon mitgeführt, so daß das Fahrzeug vielseitig einsetzbar ist.

Inzwischen läuft die Herstellung der Jumbo Cheetahs bei Rosenbauer aus. Die letzten Exemplare gingen 1995 - unter dem Namen "Medium Cheetah" - nach Norwegen. Die Voraussetzungen für den Einsatz von Schnellangriffsfahrzeugen haben sich geändert bzw. sind obsolet, da mittlerweile die schweren FLF mit beinahe ähnlichen Spitzenleistungen aufwarten können.

Neben den zweiachsigen MAN-Geländefahrgestellen wurden auch die Dreiachser von Rosenbauer zu FLF umgebaut. Doch zunächst entstand ein solcher Dreiachser in Eigenarbeit für den Flughafen Bremen.

Die Bremer hatten sich aus Bundeswehrbeständen einen sogenannten MAN 7 tGl (6x6) beschafft und ihn 1983/84 mit Hilfe der Bremer MAN-Vertretung zu einem FLF 60/60 umgebaut. Das Chassis gehörte zu der letzten Testwagenserie, die bei der Bundeswehr 1974 ausgiebig erprobt wurde, bevor man die Fahrzeuge ab Herbst 1976 in Serie herstellte. Das Testfahrzeug war für 21 t GG zugelassen und hatte einen luftgekühlten KHD-Dieselmotor des Typs BF8L 413F (320 PS), der auch in die Bundeswehrserienversion eingebaut wurde.

Unter Verwendung von Rosenbauer-Komponenten, z. B. Pumpe für 6000 l/min Durchflußmenge und Schaumzumischsystem "Foamatic", entstand in Eigenleistung ein mittelgroßes FLF, das 6000 l Wasser und 650 l Schaummittel enthielt. Mit 320 PS und einem Leistungsgewicht von nur 16 PS/t lag das Bremer FLF allerdings weit hinter dem üblichen Leistungs-

Oben: **Die große Version des FLF 8800 Super Buffalo mit Heckpumpe entstand 1986 für die südafrikanische Luftwaffe. Fahrgestell war der MAN 24.440 DFAEG (6x6)** (Foto: Rosenbauer)
Unten: **Die norwegische Variante des Super Buffalo auf MAN 24.460 DFAEG besaß eine Mitteleinbaupumpe, 6500-l-Wassertank und 650-l-Schaummitteltank, gebaut zwischen 1990 und 1992** (Foto: Rosenbauer)

Oben: **Auch das FLF 60/90 auf MAN 27.365 VFAEG (8x8) des Flughafens Bremen war ein Eigenbau mit Rosenbauer-Komponenten** (Foto: D. Hasemann)
Unten: **Der Prototyp von Zieglers Z8 ging 1992 an den Flughafen Nürnberg. Basis des leistungsstarken FLF 12000 ist der MAN 36.1000 VFAEG (8x8)** (Foto: Ziegler)

standard. Wenige Monate nach Fertigstellung des Bremer Fahrzeugs machte sich auch Rosenbauer an den Bau von FLF auf den dreiachsigen Militär-MAN, diesmal unter Verwendung des bekannten, leistungsstarken 440-PS-Aggregat.

So entstanden 1986 die ersten "Super Buffalo" genannten FLF 8800 auf MAN/ÖAF 24.440 DFAEG (6x6). Abgesehen von dem stärkeren Motor waren die Chassis um drei Tonnen auf 24 t GG aufgelastet, so daß Rosenbauer genügend Gewichtsreserven für einen 8000-l-Wassertank und einen 800-l-Schaummitteltank hatte. Die bewährte großvolumige Rosenbauer-Pumpe R 600 fand auch in diesem Fahrzeugmodell Verwendung.

Die ersten vier Super Buffalo gingen Ende 1986 an die südafrikanische Luftwaffe. Alle folgenden Lieferungen bis 1994 waren für Norwegen bestimmt, insgesamt 16 Einheiten mit den Varianten FLF 8300/500 und FLF 6500/500. Andere Länder zeigten an diesen Modellen kein Interesse, so daß man, im Gegensatz zum Jumbo Cheetah, nicht gerade von einem erfolgreichen Konzept sprechen kann.

Eine andere renommierte Spezialfirma, die schon seit längerem FLF baut, nutzte 1991 die MAN-Dreiachser für ihre Aufbauten. Saval-Kronenburg (heute zu Rosenbauer gehörend) hatte den Auftrag, für den neuen Münchner Flughafen Fahrzeuge auf MAN-Basis zu entwerfen.

So entstanden zwei Pulverlöschfahrzeuge des Typs MANSK 4P auf MAN 22.550 DFAEG (6x6). Die knapp 23 t schweren Fahrzeuge erhielten einen 550-PS-Motor (MAN D 2840 LF), der eine Höchstgeschwindigkeit von 140 km/h ermöglichte und einen ausgezeichneten Beschleunigungswert von 23 Sekunden von 0 auf 80 km/h. Durch die hohe Bodenfreiheit von 416 mm und einen Böschungswinkel von 30° bewährten sich die Fahrzeuge auch im Gelände außerordentlich gut.

Die löschtechnische Anlage von Saval umfaßte den großen Pulverkessel mit 4000 kg Fassungsvermögen, zwei Monitore auf dem Dach (50 kg/sek) und vor der Fahrzeugfront (20 kg/sek) und zwei Schnellangriffseinrichtungen mit einem Pulverausstoß von je 2,5 kg/sek.

Die Fahrzeuge verfügen über Renk-Automatikgetriebe, zentrales Steuerpult für alle Bedienungsarten, automatisch schließende Türen, eine Rückfahrkamera und steuerbare Reifendruckanlage. Der Anschaffungspreis eines solchen TroLF 4000 betrug rund 780 000 DM.

Aber diese Fahrzeuge sind nur "Mittelgewichte", MAN hat noch größeres und stärkeres zu bieten: die riesigen Vierachser MAN 36.1000 VFAEG (8x8). Die "Königsklasse", aus einem 1988 vorgestellten Prototyp von Kronenburg entstanden, feierte 1991 ihren Einstand mit gleich drei Modellen von drei verschiedenen Firmen.

Doch die Ära der vierachsigen Giganten begann wieder in Bremen, und zwar wiederum mit einem Eigenbau. Nachdem die Bremer Flughafenfeuerwehr bereits einen Zwei- und einen Dreiachser im Dienst hatte, kaufte sie 1986 ein schweres, überbreites Vierachsfahrgestell des Typs MAN 27.365 VFAEG (8x8). Auf dieses Chassis wurde nun abermals mit Rosenbauer-Komponenten der Aufbau für ein FLF 60/90 gefertigt. Die große Rosenbauer-Pumpe leistete 6000 l/min, die Wenderohre 4000 l/min (Dach) und 1000 l/min (Front). An Löschmitteln verfügte das Fahrzeug über 9000 l Wasser und 950 l Schaummittel. Das fast 28 t schwere Fahrzeug war mit 365 PS recht dürftig motorisiert.

Bereits während der öffentlichen Präsentation des Bremer Eigenbaus auf der Interschutz 1988 werkelten die fleißigen Bremer schon an dem nächsten FLF 60/90. Wieder war es ein Geländevierachser von MAN, nunmehr für 30 t zugelassen und mit etwas längerem Radstand zwischen der zweiten und dritten Achse (3570 mm), so daß das Fahrzeug insgesamt länger wurde als das erste Exemplar.

Und wiederum wurde mit 360 PS ein sehr schwacher MAN-Motor (Typ D 2866 LXF) eingebaut, folglich blieb das Beschleunigungsvermögen mit 60 Sekunden von 0 auf 80 km/h weit hinter dem geforderten Standard zurück. Löschtechnik und Tankkapazitäten entsprachen dem Vorgängermodell.

Nahezu gleichzeitig entwarfen die Firmen Ziegler, Kronenburg und Rosenbauer 1990 große FLF auf der Basis des MAN-Geländevierachsers. Die MAN-Techniker hatten die Nutzlast des Spezialfahrgestells erhöht, so daß der MAN 36.1000 VFAEG (8x8) für ein Gesamtgewicht von 38 t zugelassen wurde. Das Chassis aus einem verwindungssteifen Kastenrahmen mit vier schraubengefederten, an Längslenkern und Dreieckslenkern geführten Starrachsen hatte einen Radstand von 1930 mm + 3570 mm + 1500 mm.

Auch bei der Motorisierung hatten die Ingenieure mächtig zugelegt. Ausgehend von dem V12-Intercooler-Motor MAN D 2842 LE mit immerhin 760 PS wurde eine modifizierte Version mit 21930 ccm und einer Leistung von 1000 PS entwickelt. Das stärkste was es an serienmäßigen Lkw-Motoren damals gab!

Auf dieser Grundlage arbeiteten die Techniker und Designer bei Ziegler, Kronenburg und Rosenbauer und schufen die drei FLF Z8, MANSK 14 und Panther.

Alle drei Modelle erschienen 1991 in der Öffentlichkeit, in Löschtechnik und Gestaltung unterschieden sie sich erheblich. Zieglers Z8 verfügte über Löschmittelkapazitäten von 12000 l Wasser und 1500 l Schaummittel. Die Schaumzumischanlage ZPV 60 war für eine Zumischung von 3,6 % bis 8 % ausgelegt, die zweistufige Feuerlöschpumpe FP 60/10-2H für maximal 6000 l/min bei zehn bar.

Der Z8 besaß einen Dachmonitor (5000 l/min) und einen Frontmonitor (1000 l/min), eine Selbstschutzanlage mit sieben Düsen rund um das Fahrzeug und zwei Schnellangriffshaspeln mit jeweils 40 m formfesten Schläuchen. Das große FLF brachte 36 t auf die Waage und hatte die Abmessungen 11180 x 2900 x 3500 mm (LxBxH). Der Prototyp wurde 1992 an den Flughafen Nürnberg verkauft, wo 1993 ein zweites Exemplar in Dienst gestellt wurde.

Inzwischen hat Ziegler weitere Fahrzeuge gebaut, jedoch in einer leicht veränderten Ausführung. Weniger die Technik, als vielmehr das Design wurde bei den 1995 entstandenen Z8 Typ 2 überarbeitet. Insbesondere im Bereich der Kabine haben die Gestalter ihre Hände angelegt, aber auch an den Radkästen und am Heck. Es ist sicherlich Geschmackssache, ob man die neue Version besser findet als die ursprüngliche. Die stark ausgeprägten Luftschlitze und die schwarz abgesetzten Fenster sind auch nicht der Gipfel der ästhetischen Linienführung.

Die Löschtechnik wurde insofern verändert, als die Tanks ein wenig vergrößert wurden auf nun 13000 l Wasser und 1600 l Schaum. Damit einher ging auch eine Erhöhung des Gesamtgewichts auf 38 t. Der für die Pumpe bestimmte separate MAN-Motor wurde in seiner Leistung von 311 PS auf 340 PS erhöht. Die Fahrzeuglänge ist, durch den großen Überhang am Heck, beim Typ 2 auf 11650mm angewachsen, Höhe und Breite blieben gleich. Die 1995 ausgelieferten Fahrzeuge gingen an die Flughäfen Erfurt und Münster/Osnabrück.

Das zweite Modell auf MAN 36.1000 VFAEG (8x8), der MAN SK 14 von Kronenburg, wurde 1991/92 in vier Exemplaren an den neuen Münchner Flughafen und in zwei Exemplaren an den Flughafen Hannover-Langenhagen geliefert. Die sechs Fahrzeuge unterscheiden sich nur geringfügig, äußerlich eigentlich nur dadurch,

Oben: **1995 baute Ziegler eine modifizierte Version des Z8, den Typ 2, für den Flughafen Münster/ Osnabrück** (Foto: Ziegler)
Unten: **Das hannoversche FLF 80/135/16 von Kronenburg entstand 1991 auf dem gleichen Fahrgestell wie der Z8** (Foto: D. Hasemann)

Oben: **1994 baute Kronenburg ein FLF-Modell MAN SK 14 für den Flughafen Zürich. Dieses Fahrzeug hat, im Gegensatz zur hannoverschen Bauart, automatische Türen mit Vollverglasung**

(Foto: D. Hasemann)

Unten: **Rosenbauers mächtiges FLF 13500/1500/500 des Typs Panther auf MAN 38.1000 VFAEG (8x8) aus dem Jahre 1994 für Saarbrücken**

(Foto: D. Hasemann)

Oben: **Auch der Flughafen Peking besitzt seit Ende 1995 einen Rosenbauer-FLF-Panther auf dem großen MAN-Geländevierachser** (Foto: Rosenbauer)
Unten: **Auf einem MAN 16.361 FAK baute Rosenbauer 1989 ein PLF 2000 für den Flughafen Klagenfurt** (Foto: Rosenbauer)

daß die beiden hannoverschen Fahrzeuge Klapptüren haben, während die Münchner über automatische Schwingtüren verfügen, die auch im unteren Teil verglast sind.

Kronenburg baute Löschwassertanks für 13500 l und zwei Tanks für je 810 l Schaummittel auf die Chassis (abweichend davon führt ein hannoversches Fahrzeug nur 12000 l Wasser, da zusätzlich ein Lichtmast und ein Generator eingebaut wurden). Die Pumpenanlage von Saval für eine Kapazität von 8000 l/min wird von einem separaten MAN-Motor (311 PS) angetrieben. Das Schaum-Wassergemisch kann über Dachmonitor (6000 l/min), Frontwerfer (1800 l/min), Schnellangriffshaspeln und Selbstschutzsprühanlage abgegeben werden.

Die Kronenburg-FLF wiegen 38 t und bringen es auf das beachtliche Leistungsgewicht von 26,3 PS/t. Die Höchstgeschwindigkeit, zunächst mit 145 km/h werksseitig angegeben, betrug bei Rekordfahrten auf dem Münchner Flughafen 141,3 km/h. Auch die ursprünglich angegebene Beschleunigung von 19 Sekunden von 0 auf 80 km/h mußte auf 21,1 Sekunden korrigiert werden. Dennoch, der MANSK 14 stellte damit neue Rekordmarken für schwere Feuerwehrlastwagen auf.

Schließlich wurde auch der Panther 1991, anläßlich von Rosenbauers 125. Firmenjubiläum, vorgestellt. Mehr noch als die großen FLF von Ziegler und Kronenburg überzeugte der Panther von vornherein durch sein gelungenes Design. Kein anderes Nutzfahrzeug kann mit so stilsicheren und wohlproportionierten Formen aufwarten, wie dieser scheinbar so leichte und geschmeidige Panther, der doch immerhin 36 t wiegt.

Die ersten Exemplare des Panther hatten Löschkapazitäten von 10000 l Wasser und 1300 l Schaummittel, zusätzlich einige Fahrzeuge eine Pulverlöschanlage mit 500 kg Fassungsvermögen. Inzwischen gibt es Fahrzeuge mit 13500 l Wasser und 1500 l Schaummittel, dafür wiegen diese Ausführungen auch 38 t.

Die Löschtechnik ist bei allen gleich: Rosenbauer-Pumpe R 600 (6000 l/min); Schaumzumischsystem RVMA 500 mit Mischraten von 3 %, 6 % und 8 %; Dachmonitor Rosenbauer RM 60 E (6000 l/min); Frontmonitor RM 8 E (1000 l/min). Sowohl der Aufbau als auch die Tanks des Panther sind aus GFK, was eine nicht unerhebliche Gewichtsersparnis bringt.

Inzwischen ist der Panther nicht nur auf europäischen Flughäfen zu finden, Rosenbauer konnte bereits Fahrzeuge nach Japan und China verkaufen. Ein weiterer Panther für einen deutschen Flughafen wird derzeit bei Rosenbauer gebaut. Voraussichtlich Anfang 1997 wird Rosenbauers Großkatze auf dem Flughafen Berlin-Tegel in Dienst gestellt.

Rosenbauer hat auch dreiachsige Panther gebaut und einen Prototypen namens Mamba auf dem MAN-Vierachser, und auch die Bremer waren nicht untätig. Sie erschienen 1994 mit einem vierachsigen Pulverlöschfahrzeug mit kleiner Hebebühne, genannt Hubrettungs-TroLF. Doch es würde zu weit führen, würde man auf all die Sonderanfertigungen und Fahrzeugvarianten eingehen, die mittlerweile auf den MAN-Geländefahrgestellen aufgebaut wurden.

Neben den aus der Militärserie abgeleiteten hochgeländegängigen Lkw gibt es auch etliche normale MAN-Lastwagen im Einsatz bei Flughafenfeuerwehren, insbesondere Pulverlöschfahrzeuge (PLF), kleine FLF, Tanklöschfahrzeuge (TLF), Rüstwagen (RW) und sogar Wechsellader (WLF).

Bereits erwähnt wurden die FLF Buffalo von Rosenbauer, daneben bauten die Linzer auch Einzelstücke, z. B. 1989 zwei PLF 2000 auf MAN/ÖAF 16.361 FAE für die Flughäfen Graz und Klagenfurt. Die Fahr-

Oben: **Ein PLF 3000 auf MAN 19.372 FAK dient seit 1991 auf dem Flughafen Düsseldorf. Die Pulverlöschanlage stammt von Minimax, der Aufbau von Rosenbauer** (Foto: D. Hasemann)
Unten: **Ebenfalls auf dem Rhein-Ruhr-Flughafen Düsseldorf sind zwei baugleiche FLF 4500 stationiert, die vornehmlich dem Gebäudeschutz dienen. Rosenbauer baute die Fahrzeuge auf MAN 19.362 FAK** (Foto: D. Hasemann)

Oben: **Der Flughafen Nürnberg erhielt 1990 ein Rosenbauer HTLF 2800 auf MAN 19.365 FAE. Das Fahrzeug existiert inzwischen nicht mehr, es wurde 1994 nach einem Unfall verschrottet**
(Foto: D. Hasemann)

Unten: **Auf MAN 19.372 baute Rosenbauer 1994 dieses sogenannte TLF 24/50 für den neuen Flughafen München**
(Foto: Rosenbauer)

Oben: **Ende 1994 gelangte dieses interessante HTLF 2800/750 zur Flughafenfeuerwehr Berlin-Schönefeld. Chassis ist der MAN 19.372 F** (Foto: Rosenbauer)
Unten: **Erst im Juni 1996 wurde dieses riesige HTLF 5500 an den Flughafen Stuttgart ausgeliefert. Das 26 t schwere und 400 PS starke Fahrzeug führt 5000 l Wasser, 500 l Schaummittel und eine umfangreiche Geräteausrüstung für die technische Hilfe** (Foto: D. Hasemann)

zeuge treibt der 360 PS starke MAN-Motor D 2866 KF an, so daß sie bei einem Einsatzgewicht von knapp 16 t auf ein akzeptables Leistungsgewicht von 22,5 PS/t kommen. Nur zwei Dinge unterscheiden die beiden PLF: Das Klagenfurter Fahrzeug hat eine Allison-Automatik, während das Grazer Modell mit einem ZF-Achtganggetriebe ausgerüstet wurde. Außerdem ist das Klagenfurter Fahrzeug kürzer durch einen kürzeren Radstand.

Beide Fahrzeuge führen eine Minimax-Pulverlöschanlage mit 2000 kg Pulver und vier Treibgasflaschen mit. Das Pulver kann über beidseitig angeordnete Schnellangriffshaspeln oder über den Rosenbauer-Frontmonitor RM 8 EP ausgeworfen werden.

Ähnliche PLF baute Rosenbauer auf den neueren MAN-Chassis der Baureihe F 90 Typ 19.372 FA. Es wurden die etwas größeren 19-t-Fahrgestelle gewählt, da es sich um PLF 3000 handelt, also Pulverlöschanlagen mit 3000 kg Fassungsvermögen, gebaut von Minimax.

Größer dimensioniert waren auch die Frontmonitore, die eine Auswurfrate von 50 kg/sek. hatten und damit die gesamte Pulverladung innerhalb einer Minute ins Ziel schleudern konnten. Das erste Fahrzeug dieser Art ging 1991 an den Flughafen Düsseldorf, ein weiteres 1993 nach Berlin-Schönefeld. Zwar sind Aufbau und Löschtechnik der beiden Fahrzeuge nahezu gleich, doch gibt es gravierende Unterschiede in der Bauart. Während das Düsseldorfer Fahrzeug in Normalbauweise mit Allradantrieb und großer Fernfahrerkabine ausgeführt wurde, erhielt das Berliner Fahrzeug eine kleine Truppkabine, die zudem noch tiefergelegt und vorgezogen wurde, so daß dadurch die Geländefähigkeit stark eingeschränkt ist - Bodenfreiheit und vorderer Böschungswinkel sind zu gering.

Einige deutsche Flughäfen haben sich in den letzten Jahren Fahrzeuge speziell für den Gebäudebrandschutz zugelegt, obwohl dies eigentlich nicht die Aufgabe einer Flughafenfeuerwehr ist. Daß es aber absolut notwendig ist, daß auch Flughafenfeuerwehren gegen Brände in den immer größer werdenden Abfertigungsgebäuden gewappnet sind, haben erst kürzlich die tragischen Ereignisse auf dem Düsseldorfer Flughafen gezeigt. Die Flughafenfeuerwehr ist eben direkt vor Ort und muß nicht erst lange Anfahrtswege bewältigen.

So haben einige Flughäfen Fahrzeuge beschafft, die sonst nur bei kommunalen Feuerwehren zu finden sind, wie z. B. TLF 24/50 oder HLF/HTLF, also Löschfahrzeuge, die Geräte und Ausrüstung zur technischen Hilfeleistung mitführen. Alle diese Fahrzeuge sind von Rosenbauer aufgebaut und ausgestattet worden, so daß die Firmenkonstellation MAN/Rosenbauer auf Flughäfen schon beinahe Standard ist. Dies ist auch kein Wunder, denn andere Firmen, wie beispielsweise Metz oder Iveco-Magirus haben sich aus dem kundenorientierten Spezialfahrzeugbau fast völlig zurückgezogen und fertigen nur noch genormte "Massenware".

So baute Rosenbauer 1990 ein HTLF 2800 auf MAN 19.365 FAE für den Flughafen Nürnberg, 1992 ein HLF 16 auf MAN 17.232 FA für den neuen Münchner Flughafen, 1994 wieder ein HTLF 2800 auf MAN 19.372 F für Berlin-Schönefeld und 1996 ein HTLF 5500 für Stuttgart.

Das Nürnberger Fahrzeug verfügt beispielsweise über einen Wassertank mit 2500 l und einen Schaummitteltank mit 300 l. Die zweistufige Rosenbauer-Pumpe fördert 2800 l/min bei acht bar im Normalbereich oder 350 l/min bei 40 bar im Hochdruckbereich. Neben Geräten zur technischen Hilfeleistung wurde das HTLF mit einer Rotzler-Winde für 5 t Zugkraft ausgerüstet. Basis ist ein abgelastetes 19-t-Allradfahrgestell mit Einzelbereifung und 3600

Oben: **Der Flughafen Hannover erhielt von Schlingmann 1993 einen RW 2 auf MAN 12.232 FA, ein bei kommunalen Feuerwehren viel verwendeter Fahrzeugtyp** (Foto: D. Hasemann)
Unten: **Das Foto zeigt ein vom Buffalo abgeleitetes Rosenbauer FLF 9000 auf MAN/ÖAF 26.502 DFAE (6x6), 1994 an den Flughafen Innsbruck geliefert** (Foto: Rosenbauer)

mm Radstand. Der MAN-Dieselmotor leistet 365 PS und bringt das Fahrzeug auf 120 km/h Höchstgeschwindigkeit. Das tatsächliche Einsatzgewicht liegt bei 16 t und so erreicht das Fahrzeug ein Leistungsgewicht von 22,8 PS/t. 1994 hatte das Fahrzeug einen Unfall und mußte verschrottet werden.

Das Schönefelder Fahrzeug hat neben den Löschmitteln Wasser und Schaum noch eine 750-kg-Pulverlöschanlage, deshalb die Bezeichnung HTLF 2800/750. Die Rosenbauer-Pumpe NH 30 hat mit 3000 l/min bei acht bar (Hochdruck: 250 l/min bei 40 bar) eine etwas höhere Förderleistung als die Nürnberger Version. Monitore und Zumischeinrichtung entsprechen dem Nürnberger Fahrzeug. Das mit 370 PS motorisierte HTLF hat ein Einsatzgewicht von 17,6 t und mit 21 PS/t ein etwas schlechteres Leistungsgewicht als das Nürnberger Fahrzeug.

Rosenbauer TLF 24/50 findet man auf den Flughäfen Hamburg und München. Nachdem Hamburg 1991 das erste Exemplar dieser Art beschafft hat, wurde Anfang 1995, gleichzeitig mit München, ein zweites Fahrzeug in Dienst gestellt.

Die beiden TLF 24/50 auf MAN 19.372 FAE des Baujahres 1994 sind äußerlich nahezu identisch, sieht man mal von den Blaulichtern und der oberen Aufbaublende ab. Dennoch gibt es wesentliche Unterschiede.

Trägt das Hamburger Fahrzeug einen 4500 l fassenden Wassertank und zwei 300-l-Schaummitteltanks, so sind es bei der Münchner Version ein 4500-l-Wassertank und ein 500-l-Schaummitteltank. Beide Fahrzeuge besitzen die zweistufige Rosenbauer-Pumpe NH 30 (3000/350 l/min bei 8/40 bar), jedoch unterschiedliche Monitorleistungen. Beide haben einen Frontmonitor des Typs Rosenbauer RM 25 E, der beim Münchner Fahrzeug 2000 l/min und beim Hamburger Fahrzeug 2500 l/min auswirft. Dafür besitzt nur das Münchner TLF einen zusätzlichen Dachmonitor mit 2400 l/min Auswurfleistung. Fahrgestell und Motor sind bei beiden Fahrzeugen gleich. Verwendung fand das allradgetriebene 19-t-Chassis MAN 19.372 FAE mit 3500 mm Radstand, Einzelbereifung und serienmäßigem Truppfahrerhaus. Der 370 PS starke MAN-Dieselmotor des Typs D 2866 LFD hat einen Hubraum von 11977 ccm. Beide Fahrzeuge verfügen über ein ZF-Automatikgetriebe.

Abschließend sollen noch jene Feuerwehrfahrzeuge erwähnt werden, die man sicherlich am wenigsten auf einem Flughafen erwartet, nämlich die Rüstwagen und Wechselladerfahrzeuge.

Vereinzelt hat es schon in der Vergangenheit Rüstwagen auf deutschen Flughäfen gegeben. Aufgrund der gestiegenen Anforderungen und Einsätze im Bereich der technischen Hilfeleistung sehen sich immer mehr Flughafenfeuerwehren gezwungen, mehr oder weniger große Gerätefahrzeuge anzuschaffen.

Derzeit steht in Deutschland nur ein MAN-Rüstwagen im Dienst einer Flughafenfeuerwehr. Der in Hannover stationierte Schlingmann RW 2 auf MAN 12.232 FA aus dem Jahre 1993 entspricht weitgehend dem bei kommunalen Feuerwehren verwendeten Rüstwagentyp. Ein weiterer Rüstwagen, aufgebaut und ausgerüstet von der Firma Par-fit, ist seit 1994 auf dem irischen Großflughafen Shannon im Einsatz. Es ist übrigens das bislang einzige MAN-Feuerwehrfahrzeug in Irland.

Wechsellader sind noch untypischer für Flughafenfeuerwehren und sicherlich auch nur begrenzt tauglich für dortige Einsatzzwecke. Dennoch verfügen die Flughäfen in München und Stuttgart über solche Fahrzeuge auf MAN-Basis. Die Münchner beschafften 1993 gleich zwei Trägerfahrzeuge, es sind MAN 26.372 DFAK (6x6) mit 370-PS-Motoren, zugelassen für

Einmalig ist der schwere Wechsellader des Stuttgarter Flughafens. Das Spezialfahrgestell ist ein MAN 41.422 VFAE (8x8), das Hakenabrollsystem stammt von Meiller (Foto: D. Hasemann)

26 t GG und ausgerüstet mit dem Hakenabrollsystem von Meiller.

Noch eine Nummer größer wollten es die Stuttgarter. Sie kauften einen MAN 41.422 VFAE (8x8), ebenfalls mit dem Meiller-Hakenabrollsystem und einem Meiller-Kran für 2340 kg Hubkraft. Interessant ist insbesondere die Tatsache, daß es sich um ein Fahrgestell handelt, das höchsten Ansprüchen im Gelände genügt, jedoch nicht aus der Typenreihe der hochgeländegängigen MAN entstammt, trotz Einzelbereifung und Allradantrieb. Der wesentliche Unterschied ist die Federung, denn das Stuttgarter Fahrzeug verfügt nicht über die typische Spiralfederung, sondern Blattfederung. Insofern ist der Wechsellader nicht vergleichbar mit den bekannten Duisburger Fahrzeugen auf den MAN-Geländevierachsern.

Weitere MAN-Fahrzeuge werden in den kommenden Monaten für deutsche und internationale Flughäfen gebaut. Neben dem neuen Panther für Berlin-Tegel wird auch beispielsweise Stuttgart 1997 neue MAN erhalten, eine rollende Nottreppe und ein großer 52-m-Bronto-Skylift sind bestellt. MAN wird es sicherlich gelingen, seine Vormachtsstellung bei Flughafenfeuerwehren auch in Zukunft weiter auszubauen

Der neue Metz-Rüstwagen der Berufsfeuerwehr Frankfurt a.M.

Veröffentlicht von Brandingenieur Paul Born in der Zeitschrift "Brandschutz" November 1949

"Ausgegraben" und übearbeitet von Udo Paulitz

Zu den vielseitigen Aufgaben, welche die Feuerwehr im öffentlichen Interesse zu erfüllen hat, gehört auch der Unfall- und Rettungsdienst.

Die Notwendigkeit dieses Einsatzes der Feuerwehr hat sich am Ende des verflossenen Jahrhunderts immer dringlicher gezeigt und erfuhr infolge der ständig fortschreitenden Entwicklung von Gewerbe, Industrie und Verkehr zwangsläufig eine unaufhaltsam steigende Tendenz.

Bereits zu Beginn der dreißiger Jahre begann sich – vor allem durch den bereits damals stark zunehmenden Straßenverkehr – eine Entwicklung abzuzeichnen, die den prozentualen Anteil der reinen Brandeinsätze immer mehr verringerte, im Gegenzug aber Hilfeleistungen aller Art sprunghaft ansteigen ließ. Die Bandbreite dieser Einsätze reicht von der Rettung einer Katze aus einem hohen Baum oder der Bergung eines Zirkuselefanten bis zur Beseitigung von Fahrzeugen nach Verkehrsunfällen. Nach dem Krieg setzte sich diese Entwicklung verstärkt fort und erreichte bis zur heutigen Zeit Ausmaße, die nie für möglich gehalten wurden. Mehr denn je sind die Feuerwehren heute gezwungen, Spezialfahrzeuge für die vielfältigen Einsatzzwecke zu beschaffen.

Diesen Bedürfnissen könnte auf verschiedene Art Rechnung getragen werden. Einmal durch Anwendung einfachster

Seitenaufnahme des Frankfurter Rüstkranwagens auf 4,5-t-Klöckner-Deutz-Fahrgestell (Werksaufnahme Metz)

Hilfsgeräte bei gleichzeitiger Beanspruchung einer großen Zahl von Menschen für die Beseitigung des Notstandes, zum anderen durch weitestgehenden Gebrauch von Maschinen und damit erreichbarer erheblicher Personalverringerung. Im ersteren Fall muß mit einer längeren Arbeitszeit gerechnet werden, im letzen Fall wird diese wesentlich reduziert.

Im Laufe der Jahre hat sich für die Ausübung dieses Dienstes ein Spezialfeuerwehrfahrzeug herausgebildet, auf dem als wichtigste technische Einrichtung ein Kran aufgebaut ist.

Wenn sich die Feuerwehr nicht in der Spezialisierung ihrer Geräte Beschränkung auferlegen und aus Ersparnisgründen sich nicht auch mit solchen kombinierter Art behelfen müßte, dann könnte ein solches Spezialkranfahrzeug in einer besonderen Bauart ausgebildet werden. Es gibt in dieser Richtung Ausführungen, wie sie u.a. als Spezialfahrzeuge, früher wie auch heute noch, Verwendung finden. Zweifellos können dann wesentlich stärkere Chassis und Krane mit viel höherer Tragkraft, größerer Hubhöhe und Ausladung zur Verwendung kommen, als dies bei einem Fahrzeug möglich ist, das noch anderen Zwecken zu dienen hat. Auf die Möglichkeit, daß auch nichtautomobile Bei- und Anhängerwagen als Kranfahrzeuge ausgebildet werden können, soll nicht eingegangen werden. Bei den seither üblichen Feuerwehr-Rüstwagen sind Fahrgestelle von 4,5 bis 6 t Tragkraft und Kraneinrichtungen mit einer Maximalbelastung von ca. 5 bis 7,5 t bei einer Ausladung von ca. 3 m verwendet worden. Der Kran ist bei den bisherigen Ausführungsarten im allgemeinen so gelagert, daß er seine Gebrauchsstellung in der Wagenrichtung nach hinten einnimmt und daß auf seitliches Verschwenken verzichtet wurde.

Ein neuerdings von der Feuerwehrgerätefabrik Carl Metz Karlsruhe, nach Frankfurt a.M. gelieferter Rüstwagen dürfte das Interesse der Fachkreise verdienen. Mit diesen Ausführungen sollen zugleich einige Erkenntnisse der Herstellerfirma wiedergegeben werden.

Die Dichte des Verkehrs zwingt zur schnellen Beseitigung von Hindernissen, zum Verladen schwerer Lasten auf langseitig nebeneinanderstehenden Fahrzeugen. Zweifellos würde hierfür ein Drehkran große Vorteile bieten. Einer solchen Ausführung stand, wie eingangs erwähnt, entgegen, daß der Rüstwagen ein kombiniertes Feuerwehrgerät ist, das eine geräumige Karosserie benötigt, die so gestaltet sein muß, daß durch die Installierung eines Krans möglichst wenig Raum verloren geht. Um dieser Bedingung Rechnung zu tragen, mußte bei Anordnung eines Drehkrans die Aufgabe gelöst werden, daß dieser entsprechend angeordnet und ausgebildet wird.

Die Firma Metz, welche schon durch ihre seitherigen Lieferungen von Kranwagen bekannt ist, hat diese zeitgemäße Fortentwicklung so gelöst, daß sie im Rahmen der in ihrer Patentanmeldung vorgesehenen verschiedenen Möglichkeiten einen Drehkran konstruiert hat, der durch Drehen, Neigen, Verkürzen, Verschieben, Verschwenken, Zusammenfalten, Zusammenscheren im ganzen und in seinen ganzen oder für die Zusammenlegbarkeit erforderlichen mehrteilig ausgebildeten Konstruktionsteilen für den fahrbereiten Zustand eine solche Lage einnimmt, daß das Karosserieprofil bzw. -Volumen nicht überragt und daß die Fahrzeuglänge nur um ein relativ kurzes Maß vergrößert wird.

Eine derartige Ausführungsart wurde nach Frankfurt a.M. geliefert, wobei die Kransäule am Wagenende angebracht ist. Der bis 180 Grad drehbar mit ihr verbundene Ausleger ist nicht als starres Ganzes einteilig, sondern mehrteilig so ausgebildet, daß der Kranausleger für den Fahrzu-

Der Frankfurter RKW mit ausgeklapptem Kranausleger und ausgefahrenen Stützrollen (oben) und einem Teil der Beladung (unten). Der RKW wurde am 11. Januar 1949 an die Berufsfeuerwehr Frankfurt ausgeliefert (Werksaufnahmen Metz)

stand u.a. geneigt, verschwenkt und zusammengefaltet werden kann, um die oben erwähnten Erfordernisse zu erfüllen. Das Drehen sowie das Aufrichten und Neigen des Krans kann von Hand oder maschinell mit automatischer Endabstellung erfolgen. Das Fahrzeug besitzt die bei Automobil-drehleitern übliche Federabstellung und zwei Bodenspindeln, welche sich mit je zwei relativ großen Gummirollen auf den Boden abstützen, um mit dem Kran nicht nur durch Anheben und Drehen, sondern auch durch Fahrbewegung schwere Lasten wegräumen zu können. Ein Elektrozug ermöglicht den Kranbetrieb, der aber auch durch das außerdem angeordnete Spill erfolgen könnte.

Im Rahmen dieser Erfindung sind, um der Drehbarkeit des Kranes Rechnung zu tragen bzw. um eine größere Standbasis in der Achsrichtung zu erreichen, anlegbare oder ausziehbare Bodenstützen vorgesehen, durch die es möglich wird, daß die seitlich aufgehobene Last gewichtsmäßig möglichst nahe an diejenige kommt, welche in der günstigsten Lage des Krans, nämlich in der Drehrichtung nach hinten oder bei einer Alternativausführung nach vorn gehoben werden kann.

Die Kraneinrichtung ist auch geeignet, entsprechend angehängte schwere Lasten ohne Beanspruchung der Bodenrollen abzuschleppen.

Die Feuerwehr von Frankfurt a.M. stellte der Firma Metz zum Aufbau des Fahrzeuges ein 4,5 t Chassis des Typs Klöckner-Deutz S 4500 oder GS 145 mit 125 PS, Baujahr ca. 1943 oder 1944 zur Verfügung. Ursprünglich diente das Fahrzeug als Großes Löschgruppenfahrzeug (GLG) bzw. LF 25, um die seit 1943 gebräuchliche Bezeichnung zu verwenden.

Das Aufrichten und Neigen des Drehkrans erfolgt von Hand mittels Kurbeln, welche über ein Schneckengetriebe auf eine Spindel mit Mutter wirken. Für das Drehen ist ein ähnlicher Handbetrieb vorgesehen. In beiden Fällen könnte auch maschinelle Betätigung mit automatischer Endabschaltung eingerichtet werden.

Das Heben und Senken der Last geschieht maschinell durch einen Elektrozug, der von einem eingebauten Generator gespeist wird. Die Bedienung erfolgt in einfachster Weise, indem am Fahrzeug links und rechts Druckknopfbetätigungen eingebaut sind. Um auch die tiefliegenden Lasten steuern und beobachten zu können, ist ein weiterer Druckknopfsteuerschalter an einem Kabelende angeordnet. Die eingefügten Abbildungen geben Fachkreisen weiteren Aufschluß über die durch Patentanmeldung geschützte Konstruktion und die Handhabung im einzelnen.

Von der Anwendung von Gleichstrom wurde abgesehen und auf Drehstrom 380/220 Volt übergegangen. Damit wurden nicht nur die Nachteile des Gleichstromes und seiner Anlagen besetitigt und die Verwendung handelsüblicher Werkzeugmaschinen in der Fahrzeugausstattung ermöglicht, sondern es kann auch bei gänzlichem Ausfall der Stromzufuhr der Rüstwagen als Stromquelle eingesetzt werden, der eine Leistung von 15 KVA entwickelt.

Die elektrische Anlage ist nach Vorschrift des VDE ausgeführt. In ihr ist eine selbsttätige Ausschaltvorrichtung zusätzlich eingebaut, die bei Auftreten einer Fehlspannung (Körperschuß) auslöst. Die Schalttafel mit den Meßinstrumenten ist im Maschinenraum untergebracht. Links und rechts am Fahrzeugende sind seitlich die Licht- und Kraftsteckdosen angeordnet.

Am Wagenende ist ein Spill angebracht, mit dem man eine Zugkraft von 4 t ausüben kann.

Als besondere technische Ausrüstungen dienen eine Reihe von elektrisch betriebenen Geräten, erschütterungsfreie Starklichtscheinwerfer und allseitig drehbare Leuchten.

Die Ausrüstung

Raum bzw. Lagerplatz	Fach	Gegenstand	Stück
Unter der Motorhaube		Handölkanne 0,25 l	1 Paar
		Motorenöl in Einliterflasche	3
Fahrerraum		Handfeuerlöscher, Trocken	6
		(Tetra 2)	1
		Handscheinwerfer, wie Eisemann, Typ K 8	1
		Vorschriften, Anweisungen, Fahrzeugausweise, Zubehör und Ersatzteillisten	1 Satz
Mannschafts- Maschinen-raum	u. Sitz-kasten	Handscheinwerfer, wie Eisemann, Typ K 8	3
		Davysche Sicherheitslampe mit Spiegel	1
		Segeltuchbeutel mit Bindestrick etwa 2 m	12
		Öldruckheber mit Hebel	1
		Werkzeug- und Ersatzteilkasten für Fahrgestell und Motor	2
		Warnflaggen	2
		Stativ für Warngerät	2
	Rolladen-fächer rechts	Gummistiefel, lang	2 Paar
		Gummihandschuhe	4 Paar
		Wolldecken	2
		Segeltucheimer	2
		Kesselanzüge	3
		Fausthandschuhe, Leder	3 Paar
		Segeltuchschutzmatte	1
	Rolladen-fächer links	Fangleine, 30 m	6
		Tragbeutel für Fangleine	6
		Steigergurt	1
		Steigeisen	1 Paar
		Putzlappen und Wolle im Beutel	1
Raum 1	rechts	Starkstromwerkzeugkasten	1
		Werkzeugkasten	2
		Ketten	6
		Schäkel	6
		Kausche	12
		Zughubgerät 1500 kg	1
		Flaschenzug, 2 t	
	links	Werkzeugkasten mit Bosch-werkzeug, Nägel, Splinten, Schrauben	1
		Sanitätskasten	1
		Fackelkasten	1
		Elektrische Kreissäge mit drei Steckern	1
		Elektrische Blechschere	1
		Elektrische Kettensäge m. Stecker	1
		Drahtseil	5
	durch-gehend	Feuerwehraxt	2
		Rundschaufel	4
		Dunggabel	3
		Schutthaken	6
		Piassavabesen	6
		Zimmermannsaxt	4
		Spaten, kurz	2
		Spaten, groß	4
		Ballastschaufel	6
		Steingabeln	4

Raum bzw. Lagerplatz	Fach	Gegenstand	Stück
Raum 2	rechts	Taue	3
		Stativ für Scheinwerfer	2
		Klemmscheinwerfer	1
		Bosch-Hammer kompl	1
		Rohrzange, groß und klein	2
		Bolzenschneider	1
		Auffahrbohle	4
	links	Elektrische Bohrmaschine	1
		Mulde	6
		Einreißhaken	2
		Schneidgerät, autogen mit 2 x 10 Liter-Flaschen	1
		Warnlaternen	2
	durch-gehend	Asbesthosen	2
		Asbesthauben	2
		Asbestdecke	1
		Asbestjacke	2
		Asbesthandschuhe	2 Paar
		Holzklammern	12
		Holzkeile	12
		Maurerklammern	12
		S-Haken	8
		Eisenkeile	4
		Kreuzhacke	4
		Handbeil	2
		Vorschlaghammer	2
		Schrotsäge mit Knebel	2
		Krankentrage, zusammenklappbar	1
Raum 3	rechts	Scheinwerfer	1
		Unterlageholz 40 x 150 x 250	8
		Kabeltrommel mit 25 m Gummikabel 3 x 2,52	3
		Kabeltrommel mit 30 m Gummikabel 4 x 62	2
		Verteilerkasten, vierfach	1
		Erdsonde	2
		Vierkantholz 100 x 100 x 500	4
		Rundholz 120 0 x 500	4
		Brecheisen	2
	links	Scheinwerfer	1
		Kabeltrommel mit 25 m Gummikabel 3 x 2,5 2	3
		Kabeltrommel mit 30 m Gummikabel 4 x 6 2	2
		Verteilerkasten vierfach	1
		Erdsonde	1
		Umlenkrolle, einrollig für Spill, 8 t	1
		Brecheisen	2
		Hammer	1
Trittbrett	rechts vorne	Zahnstangenwinde	1
		Bohlen, 40 x 250 x 2500	4
		Unterleghölzer 100 x 200 x 2000	4
		Stützträger	1
		Hebebaum	1
	links hinten	Radkeil	2
	links vorne	Zahnstangenwinde	3
		Stützträger	1
		Hebebaum	1

Raum bzw. Lagerplatz	Fach	Gegenstand	Stück
	rechts hinten	Radkeil	2
Dach		Reserverad, bereift	1
		Steckleiter, vierteilig	1
		Klappleiter	1
		Einreißhaken	1
		Vierkantholz 100 x 200 x 3500	4

Dieses Feuerwehr-Spezialfahrzeug hat damit eine erfreuliche Fortentwicklung erfahren, die verpflichtete, sie der Öffentlichkeit bekanntzumachen.

Der Aufbau

wird hergestellt aus Hartholz, Gerippe mit Eisenwinkeln verstärkt, außen verkleidet mit doppeldekapiertem Blech, innen verkleidet mit Sperrholz. Sitz und Rückenkissen im Fahrerraum sind gepolstert; im Mannschaftsraum befindet sich eine Sitzbank mit untergebautem Kasten. Sitzplätze einschließlich Fahrer für sieben Mann. Lackierung außen hochglanz, Farbton RAL 3002, innen naturlasiert, Werkzeugräume grau gestrichen. An den Türen innen Geräteverzeichnis. Geräteraum etwa 6 m^3 Fassungsvermögen, Dachfläche etwa 10 m^2. Trittbretter zwischen Vorder- und Hinterradkotflügel. Die Mannschaftskabine befindet sich im vorderen Teil des Geräteaufbaus.

Spillwinde

am Rahmenende eingebaut mit Antrieb vom Fahrmotor. Zugkraft einsträngig 4000 kg. Spillseil 50 m lang.

Die Krananlage

ist am Fahrzeugende auf dem Fahrgestellrahmen aufgebaut. Der Kranausleger ist faltbar und schließt sich im eingefalteten Zustand an die Rückwand des Kastenaufbaues an. Zur Inbetriebsetzung wird der

Der in Fahrstellung eingeklappte Kran des RKW
(Werksaufnahme Metz)

Ausleger durch Handbestätigung herausgeschwenkt und in seiner Betriebsstellung an den Gelenkpunkten verriegelt. Höhe des Lasthakens 1,6 bis 3,1 m verstellbar. Ausladung hierbei 3,1 bis 2,5 m. Höhenverstellung mittels Teleskop-Spindelantriebes durch Handkurbel oder maschinell. Schwenkbarkeit des Auslegers um je 90 Grad nach links oder rechts von Fahrzeugmitte aus mittels Schneckengetriebes durch Handbestätigung oder maschinell mit angehängter Last.

Für den Lasthebebetrieb ist eine Elektrowinde mit automatischen Endschaltern, bei Rechts- und Linkslauf im Maschinenraum eingebaut. Die Schaltung für den Lasthebebetrieb kann an beiden Fahrzeugseiten am Rahmenende erfolgen, die Schalter hierfür befinden sich im letzten Raum des Aufbaus. Der Ausleger ist für zwei Flaschenzugstellungen ausgebildet. Bei der äußeren Flaschenzugstellung ist die Tragfähigkeit = 5 t, bei der inneren = 7,5 t. Zum Lastenheben sowie zum Fahren (Abschleppen beschädigter Wagen) mit angehängter Last, sind am Rahmenende an einer Schwenkachse je 2 Laufrollen angeordnet, die mittels Gewindespindel und

Kurbeltrieb auf den Boden herabgeschwenkt werden.

Das Schwenken von Lasten bis 2000 kg ist von der Fahrzeugmitte nach links und rechts um 90 Grad, also insgesamt um 180 Grad möglich. Lasten bis 5 bzw. 7,5 t dagegen nur bis 25 bzw. 20 Grad.

Das Fahren mit angehängter Last ist nur mit mäßiger Geschwindigkeit je nach Last möglich, aber ohne eingerückte Federfeststellvorrichtung. Letztere wird nur beim Arbeiten mit dem Kran zur Entlastung der Fahrzeugfedern eingerückt.

Größte Hubhöhe des Lasthakens über Flur = 3,1 m unter Flur = 4,2 m insgesamt = 7,3 m. Gesamtgewicht beladen auf 4,5 t Fahrgestell = 10,5 t. Gesamtgewicht beladen auf 6,0 t Fahrgestell = 13,5 t

Stromerzeugungsanlage

mit einer Leistung von 10 KVA oder 15 KVA. Drehstrom 220, 380 Volt. Der Generator ist im Maschinenraum eingebaut, er wird vom Fahrmotor in Bewegung gesetzt. An einer Schalttafel sind alle nötigen Meßinstrumente, Schutzschalter, Nebenschlußregler und Sicherungen aufmontiert. Neben der Schalttafel befindet sich der Kraftstoffregler für den Fahrmotor zur Einstellung der erforderlichen Drehzahl für den elektrischen Generator. Von der Schalttafel führen die Leitungen zu den Schaltern für den am Fahrzeugende aufgebauten Falt-Drehkran und zu den Verteilerkästen zum Anschluß der elektrischen Arbeitsmaschinen und Werkzeuge. Links und rechts der Schalttafel sind Rolladenschränke angeordnet zur Unterbringung eines Kurzwellensenders, Plänen, Zeichnungen und Instrumenten, Werkzeuge usw.

Unfallschutzeinrichtung

gegen Stromschläge ist eingebaut.

Ausrüstung

nach besonderer Beladeliste und besonderem Beladeplan je nach Bedarf.

Heckansicht des RKW auf dem Metz-Werkshof (Werksaufnahme Metz)

Brandschutz im Schatten einer Metropole

Kriftel und seine Feuerwehr(-en)

von Achim Schmidt

Kriftel, eine eigenständige Gemeinde im Main-Taunus-Kreis, direkt an der A 66 und an der Stadtgrenze zu Frankfurt am Main gelegen, hat – bei ca. 10.000 Einwohnern – eine durchaus beachtenswerte Freiwillige Feuerwehr. Dies um so mehr, da die zuständige „Hauptstützpunkt - Wehr" in Hofheim/Ts. lediglich zwei und die nächstgelegene Wache der Berufsfeuerwehr Frankfurt etwa zehn km entfernt ist. Die für die Größe einer solchen Gemeinde ungewöhnlich gut ausgestattete Feuerwehr hat diesen Zustand sicherlich ihren verschiedenen Wehrführern zu verdanken, die es immer vermochten, die berechtigten Interessen der Feuerwehr gegenüber den politisch Verantwortlichen „richtig zu verkaufen". Letztendlich obliegt ja jede Neuanschaffung der Entscheidung aus dem Rathaus.

Gegründet wurde die FF Kriftel am 12. August 1912 durch 36 Männer des Ortes. Zunächst galt es, Feuerwehrgeräte, persönliche Ausrüstungsgegenstände und Uniformen zu beschaffen – schließlich wurde die Wehr aus dem Nichts heraus aufgebaut. Der Erste Weltkrieg – mit allen seinen bekannten Folgen – zerstörte auch die funktionierende Feuerwehr in Kriftel, so daß diese erst 1919, jetzt zum zweiten Mal, aufgebaut werden konnte bzw. mußte. Mit kleinen Schritten ging die Aufbauarbeit stetig voran; die Weltwirtschaftskrise der Jahre 1929 bis 1933 bremste die Entwicklung der FF Kriftel jedoch. Die Mitgliederzahl blieb immerhin konstant und so konnte 1937 das Jubiläum zum 25jährigen Bestehen gefeiert werden. Für diese ersten 25 Jahre sind 17 Alarmierungen anläßlich von Einsatzfällen überliefert, was aus heutiger Sicht nicht den Verdacht aufkommen läßt, die Wehr hätte über zuviel Belastung klagen müssen. Hier sei jedoch angemerkt, daß sich das Einsatzfeld der Feuerwehren bekanntermaßen bis zur heutigen Zeit ganz entschieden gewandelt hat.

Ist die Wehr in den Jahren zuvor auch zu sechs auswärtigen Einsätzen aus-

Fahrzeugpark der FF Kriftel vor dem Gerätehaus - etwa um 1988 Foto: FF Kriftel

Oben: **Pkw - VW 1200 („Käfer") von 1978, nach der Umrüstung mit RTK 3 und „Straßenräumern" (Blinklichter) auf der vorderen Stoßstange**
Unten: **Pkw - VW 1200, Originalzustand vor der Umrüstung - mit einer RKL mittig auf dem Dach**

gerückt, so war sie im Frühjahr 1939 selbst auf nachbarliche Löschhilfe angewiesen. Ein Blitzeinschlag in den Glockenturm der Pfarrkirche setzte diesen in Brand und machte ein Großaufgebot an Feuerwehrkräften erforderlich. Selbst unter Hinzuziehung der Wehren aus den Nachbargemeinden Hofheim, Hattersheim und dem damals noch eigenständigen Höchst, konnte das Feuer nicht erfolgreich bekämpft werden. Erst der Einsatz einer 36 m hohen Drehleiter der Berufsfeuerwehr Frankfurt am Main brachte den erwarteten Löscherfolg.

Infolge des Ausbruchs des Zweiten Weltkrieges gab es erneut tiefe Einschnitte im Mannschaftsbestand der Feuerwehr. Deshalb sah sich der Gemeindevorstand gezwungen, eine Bürgerwehr aufzustellen, um der erhöhten Brandgefahr dieser Zeit begegnen zu können. Die Feuerwehr Kriftel wurde in dieser schweren Zeit nicht nur in der Gemeinde selbst tätig, sondern auch zu Einsätzen nach Frankfurt, Höchst und Wallau entsandt.

Nach Kriegsende drängten die Amerikaner auf die unverzügliche Wiederherstellung der Einsatzbereitschaft der Ortsfeuerwehren in ihren Zuständigkeitsbereichen, so auch in Kriftel. Die notwendigsten Feuerlöschgeräte waren durchaus vorhanden, innerhalb der Bevölkerung gab es allerdings eine große Abneigung gegen alles, was irgendwie auch nur militärisch angehaucht war. Hierzu zählte offensichtlich auch das Tragen einer Feuerwehruniform. Doch es gelang auch diesmal, die Feuerwehr wieder richtig auf die Beine zu stellen, wenn auch zunächst mit einer geringeren Mannschaftsstärke.

1952 konnte die Feuerwehr Kriftel ihr 40jähriges Bestehen feiern. Als Geschenk wurde ihr ein gebrauchtes Löschfahrzeug der Werksfeuerwehr der Farbwerke Hoechst AG übergeben. Mit diesem und einem weiteren Fahrzeug – das durch die

Oben: MZF-Ford Transit von 1968, ausgemustert 1995. Unten: ELW 1 - Mercedes Benz 210 D von 1995 (Ersatz für das ausgemusterte MZF)

Gemeinde angeschafft worden war – sowie durch die Erhöhung der Mannschaftsstärke wurde die Schlagkraft der Feuerwehr verbessert. Ebenfalls Anfang der fünfziger Jahre konnte das neue Gerätehaus im Hof der alten Schule bezogen werden.

Anläßlich der Feierlichkeiten zum 50jährigen Bestehen im August 1962 wurde der Feuerwehr von der Gemeinde ein LF 8 auf Opel-Blitz-Fahrgestell übergeben.

1964 folgte ein TSF auf Ford Transit. Mit der Anschaffung dieser Fahrzeuge wurde der Fahrzeugpark modernisiert – nicht aufgestockt. Beide Fahrzeuge bewährten sich bereits bei einem Großbrand im Februar 1965, wobei ein Sachschaden von ca. 500 000 DM in einer Steppdecken-

Oben: **GW-N - Mercedes Benz 308 D von 1989 im Ursprungszustand, zwischenzeitlich wurde eine Plane (mit RKL hinten, links) nachgerüstet**
Unten: **HLF 8 - Mercedes Benz 817 / Ziegler von 1987. Das Fzg. darf gemäß einer dienstinternen Anordnung nur von Inhabern der Fahrerlaubnis Klasse II gefahren werden!**

fabrik entstand.

Ein weiterer Ford Transit wurde der Feuerwehr im Januar 1968 übergeben, es handelte sich um ein Mehrzweckfahrzeug (MZF), das sowohl als Einsatzleitfahrzeug (ELF), als auch als Mannschaftstransportfahrzeug (MTF) Verwendung fand. Somit verfügte die Wehr jetzt über drei moderne Einsatzfahrzeuge. Bereits 1971 wurde der Fahrzeugpark erneut verstärkt: ein TLF 16 auf Magirus-Fahrgestell wurde an die Wehr übergeben. So ausgerüstet stellten auch die Großbrände von 1973 (Kaufhaus Beyerbach und 1974 (Lederfabrik Fischer) keine unlösbaren Probleme für die FF Kriftel dar. Bei letzterem Einsatz wurde Kriftel von der Stützpunktwehr Hofheim und der Werksfeuerwehr der Farbwerke Hoechst AG unterstützt.

Am 8. Juni 1975 wurde der FF Kriftel der Anbau des Feuerwehrgerätehauses übergeben. Fast auf den Tag genau, fünf Jahre später, am 7. Juni 1980, wurde der Fahrzeugpark nochmals verstärkt. Hinzu kam ein brandneues LF 16 auf Magirus-Fahrgestell. Bereits ein Jahr später mußte das Opel Blitz LF 8 von 1962 endgültig ausgemustert werden – eine Reparatur war nicht mehr wirtschaftlich. Dies bedeutete für die FF Kriftel jedoch nicht, daß ihr Fahrzeugpark auf Dauer geschwächt bleiben würde, vielmehr entschloß sich der Gemeindevorstand, ein gebrauchtes Magirus Tro-TLF 16 zu erwerben. Dieses Fahrzeug ist auch heute noch für eine Gemeinde der Größe Kriftels mehr als ungewöhnlich. Im gesamten Main -Taunus-Kreis gibt es nur noch ein weiteres Tro-TLF 16! Die offizielle Übergabe dieses, damals sieben Jahre alten, Fahrzeugs erfolgte am 30. Januar 1982. Um die Anschaffung hatte es lange und schwierige Diskussionen gegeben; im Hinblick auf das stetig wachsende Gewerbegebiet und die daraus resultierenden Gefahren konnten sich die Befürworter eines solchen Spezialfahrzeuges jedoch durchsetzen.

TLF 16 - Magirus 170 D 11 von 1971
Unten: Tro-TLF 16- Magirus 170 D 11 von 1975, 1981 gebraucht von der FF Kriftel erworben

Auch über die Gemeindegrenzen hinaus war (und ist) der gute Ausbildungsstand und die überdurchschnittliche Ausstattung der FF Kriftel bekannt, so daß es nicht verwundern kann, daß diese FF auch zur Löschhilfe in die Nachbarstadt Hofheim, dem Sitz der Hauptstützpunkt-Feuerwehr, gerufen wurde. Unter anderem zu dem Großbrand der Holzgroßhandlung Ramp & Mauer, deren Lagerhallen in der Nacht auf Karfreitag 1984 völlig ausbrannten. Hierbei entstand damals ein Sachschaden von mehreren Millionen DM. Bei diesem Einsatz gab es glücklicherweise nur einen einzigen Leichtverletzten. Es handelte sich um einen Polizeibeamten, der mit seinem Streifenwagen die am Brandobjekt vorbeiführende Bundesstraße

Oben: **LF 16, Magirus 192 D 11, Heckansicht, beachtenswert der ausfahrbare Flutlichtmast mit montierter blauer RKL**
Unten: **TLF 15 T, Mercedes Benz LAF 311/36, Allradfahrgestell, 100 PS, Baujahr 1955, 3200 l Wassertank, 1600 l Wasserförderung (Austauschpumpe nachgerüstet), km-Stand 1995: etwa 30.000, 1982 gebraucht von der FF Fulda zur Betriebsfeuerwehr „ispo" gekommen. Auch dieses Fahrzeug ist – wie alle Feuerwehrfahrzeuge in Kriftel – mit Martin-Pressluftfanfaren ausgerüstet**

sperrte. Trotz eingeschalteten Blaulichts übersah ein Pkw-Fahrer den auf der Fahrbahn querstehenden Streifenwagen und rammte ihn in voller Fahrt. „Volle Fahrt“ kann hier wörtlich verstanden werden – der Unglücksfahrer hatte etwa 1,9 Promille Alkoholgehalt im Blut....

TLF 15 T der Betriebsfeuerwehr „ispo“ - Heckansicht. Nach 41 Dienstjahren erscheint dieses Einsatzfahrzeug „fast wie im Ablieferungszustand“. Ein Schmuckstück für jedes Feuerwehrmuseum

1987 war dann wieder ein Jahr, das die FF Kriftel erneut in das Licht der Öffentlichkeit rücken ließ. Eine Serie von Brandstiftungen hielt die Feuerwehr fast ständig in Atem und beunruhigte die Einwohner Kriftels immer mehr. Der Brandstifter richtete einen Sachschaden von knapp eine Million DM an, bevor er endlich – Dank der Zusammenarbeit von Feuerwehr und Polizei – festgenommen werden konnte. Unter anderem legte er Brände in der Camping - Abteilung des "massa - Marktes" und zwei Mal in der Druckerei Hoss.

Im gleichen Jahr wurde der Feuerwehr ein LF 8 (Ziegler-Aufbau) auf Mercedes-Benz 817-Fahrgestell übergeben. Hierbei handelt es sich jedoch nicht mehr um ein Serienfahrzeug nach DIN, sondern vielmehr um ein Fahrzeug, das den speziellen Anforderungen der FF Kriftel entspricht. Es wurde seitens der Feuerwehr in Eigenregie nach ihren Bedürfnissen modifiziert und wird intern als HLF 8 bezeichnet. So wurde das Fahrzeug u. a. anstatt mit der eingeschobenen TS 8/8, (Tragkraftspritze) mit einem 8-kVA-Stromerzeuger ausgerüstet. Außerdem befinden sich verschiedene Werkzeuge, Anschlagmittel, weitere Geräte zur technischen Hilfeleistung, sowie Material zur Sicherung von Unfall- und Einsatzstellen auf dem Fahrzeug.

1989 wurde ein GW-N (Gerätewagen - Nachschub), für den Laien schlicht als Lkw zu bezeichnen, auf Mercedes-Benz 308 D angeschafft. Dieses Fahrzeug war eigentlich schon längst überfällig. Bei Einsätzen, bei denen z.B. Ölspuren abzustreuen, Treibstoff für die im Einsatz befindlichen Fahrzeuge oder die verschmutzten Schläuche von der Einsatzstelle zu transportieren waren, mußte regelmäßig auf Fahrzeuge des Bauhofes zurückgegriffen werden. Mit der logischen Folge, daß diese Fahrzeuge nicht immer rechtzeitig zur Verfügung standen.

Das MZF (Ford Transit) von 1968 mußte 1995 – nach 27 Jahren – ausgemustert werden, der TÜV verweigerte eine neue Plakette. Dies wäre der erste Einschnitt im Fahrzeugpark der Feuerwehr seit Kriegsende gewesen, denn seither wurde dieser immer erweitert, bzw. modernisiert. Doch auch jetzt fand die Wehrleitung bei den Gemeindevertretern offene Ohren. Als Ersatz wurde ein Einsatzleitfahrzeug (ELW 1) auf Mercedes-Benz 210

D beschafft, das in Eigenarbeit der Feuerwehr ausgebaut wurde. Neben der typischen Ausrüstung eines ELW werden auf diesem Fahrzeug noch weitere Kleinwerkzeuge und verschiedene Wasser- bzw. Pulverlöscher mitgeführt.

1996 stellt sich der Fahrzeugpark der FF Kriftel wie folgt dar:

PKW	VW 1200 (Käfer), kW 25 Erstzulassung: 1978 km-Stand: 27.500 Rufname: Florian Kriftel 75 amtl. Kennz.: FH - 2293
ELW 1	Mercedes 210 D Erstzulassung: 1995 Rufname: Florian Kriftel 11 amtl. Kennz.: MTK - 2311
HLF 8	Mercedes 817/Ziegler kW 74, Erstzulassung 1987 km-Stand: 6.500 Rufname: Florian Kriftel 41 amtl. Kennz.: MTK - 2715
LF 16	Magirus 192 D 11 kW 104, Erstzulassung 1980 km-Stand: 12.900 Rufname: Florian Kriftel 43 amtl. Kennz.: MTK - 2335
TLF 16	Magirus 170 D 11 kW 130, Erstzulassung 1971 km-Stand: 18.600 Rufname: Florian Kriftel 22 amtl. Kennz.: FH - 2799
Tro TFL 16	Magirus 170 D 11 kW 95, Erstzulassung 1975 1981 gebraucht zur FF Kriftel km-Stand: 2.650 Rufname: Florian Kriftel 27 amtl. Kennz.: MTK - 2527
GW-N	Mercedes 308 D kW 58, Erstzulassung 1989 km-Stand: 18.800 Rufname: Florian Kriftel 74 amtl. Kennz.: MTK - 2847

Sämtliche Fahrzeuge, bis auf den (noch im Einsatzdienst stehenden) VW Käfer, sind neben einer „normalen“ Sondersignalanlage verschiedener Hersteller auch mit „Martin-Pressluftfanfaren“ ausgerüstet.

Soweit zur Fahrzeugausstattung der Freiwilligen Feuerwehr Kriftel, die sicherlich auch weiterhin einen Vergleich, selbst mit Feuerwehren größerer Gemeinden oder Städte, nicht zu scheuen braucht.

Wie die Überschrift aber schon sagt – dies ist nicht die einzige Feuerwehr in Kriftel; dem aufmerksamen Leser ist sicherlich nicht entgangen, daß Kriftel über ein durchaus bemerkenswertes Gewerbegebiet verfügt, in dem sich mit den Jahren auch größere Firmen ansiedelten. Unter anderem ist dort die zur "Dyckerhoff-Gruppe“ gehörende Firma "ispo“ ansässig, die sich mit der Herstellung von Putzen und Farben beschäftigt. Aufgrund ihres Gefahrenpotentials unterhält dieses Unternehmen eine Betriebsfeuerwehr, die über zwei Einsatzfahrzeuge verfügt.

Bei dem Mannschaftstransportfahrzeug handelt es sich um einen handelsüblichen Ford Transit mit Feuerwehrausstattung. Weit beachtenswerter ist jedoch das Tanklöschfahrzeug (TLF 15 T) auf Mercedes-Benz 311-Fahrgestell mit Metz-Aufbau aus dem Jahre 1955. Dieses Fahrzeug wurde 1982 für 5 000 DM von der FF Fulda erworben und nach Investitionen von nochmals 5 000 DM der Betriebsfeuerwehr übergeben, bei der es bis heute im aktiven Dienst steht. Nunmehr ist allerdings das Ende der Einsatzzeit absehbar: Notwendige Ersatzteile sind kaum noch zu beschaffen. Sobald ein Ersatzfahrzeug in Dienst gestellt wird, soll das TLF 15 T an das Feuerwehrmuseum in Fulda abgegeben werden. Nach 41 Jahren aktiven Feuerwehrdienstes und etwa 30 000 zurückgelegten Kilometern ein würdiger Ort, der Nachwelt erhalten zu bleiben.

Im Osten was Altes: Vorkriegsfahrzeuge

von Ralf Weinreich

Die Zeit vor der Wende, also die Jahre von 1961 bis 1989, werden viele "Westfeuerwehrfans" noch in mehr oder weniger guter Erinnerung haben. Es hatte sich herumgesprochen, daß es in der DDR noch jede Menge Exoten an Feuerwehrfahrzeugen gibt. Also nichts wie hin, fotografieren und staunen, wie traditionsbewußt die Brüder und Schwestern bei den Ostfeuerwehren doch sind. Teilweise mochte daran etwas Wahres sein. Doch eigentlich handelte es sich nur um ein weiteres Symptom des Mangels. Sicher haben es Feuerwehrfahrzeuge gegenüber ihren Kollegen vom Bau oder vom Schwertransport richtig gut. Sie stehen in meistens beheizten Gerätehäusern, fahren kaum Kilometer und haben immer einen putzwütigen Feuerwehrmann in der Nähe. Aber manche Dorffeuerwehr hätte sich anstelle des mitunter doch recht störrischen Opels oder Magirus' einen modernen Garant oder Robur gewünscht. Aber da waren die staatlichen Plankommissionen vor. Also blieb den improvisationsgeübten Ostfeuerwehrleuten nichts weiter übrig, als aus der Not eine Tugend zu machen und die Oldtimer den neuen Anforderungen anzupassen. Dabei entstanden dann zum Teil wahre Schmuckstücke, nach denen schon mal Schalks Ko-Ko die Finger ausstreckte, um den chronischen Devisenmangel mit Hilfe eines finanzkräftigen "Westfans" aufzubessern; zum Teil aber auch skurrile Gefährte, bei denen lediglich der Zweck die Mittel heiligte.

Der Autor hatte zusammen mit den Freunden von der Arbeitsgemeinschaft "Feuerwehrhistorik" in den 80er Jahren die Idee, eine Bildmappe mit Motiven von Feuerwehrfahrzeugen herauszugeben. Auf die Winkelzüge einzugehen, die nötig waren, um das Papier zu bekommen, eine Druckerei zu finden usw., soll hier nicht weiter eingegangen werden. Da die Bildmappen mittlerweile nicht mehr zu erhalten sind, habe ich mich – nach sanftem Druck der Redaktion – entschlossen, diese Motive hier nochmals zu veröffentlichen. Zu meiner Schande muß ich gestehen, daß ich nicht weiß, was nach der Wende aus den meisten der Fahrzeuge geworden ist. Aber da nun jeder problemlos durch Deutschland reisen kann, ist es für Interessierte durchaus möglich, nach dem einen oder anderen Fahrzeug zu suchen.

Autospritze Hansa Lloyd (Baujahr 1922)
Bildautor: Ralf Weinreich

Hersteller: **Hansa-Lloyd-AG, Bremen**
Aufbau: **E. C. Flader, Jöhstadt i. S.**
Technische Daten: **Vierzylinder, Viertakt-Otto-Motor**
Höchstgeschwindigkeit: 20 km/h
Nutzlast: **1500 kg**

Autospritzen der verschiedensten Größen verbreiteten sich besonders in den 20er Jahren recht schnell. Sowohl renommierte Feuerwehrgerätefabriken als auch kleinere Handwerksbetriebe schneiderten auf vorhandene Fahrgestelle den passenden Aufbau. Auf dem Hansa hatten acht Feuerwehrleute und diverses Gerät Platz. Die Flader Pumpe förderte bis 1000 $l \cdot min^{-1}$ Löschwasser. Dieses Fahrzeug stammt von der FFw Calauf und gehört jetzt zum Bestand des Feuerwehrmuseums in Eisenhüttenstadt. Es wurde von Angehörigen der FFw Sebnitz teilrestauriert.

Bewegliche Dampfspritze (Baujahr 1914)
Bildautor: Ralf Weinreich

Hersteller: **Waggon- und Maschinenfabrik AG, vorm. Linke-Hofmann-Busch-Werke-AG, Bautzen i. S., Abt. Dampffeuerspritzen;** Technische Daten: **Stehender Feuerbuchskessel mit Siederohren;** Betriebsdruck: **max. 10 Atmosphären Überdruck, Förderleistung und Fahrgeschwindigkeit sind zur Zeit nicht bekannt**

Dampfspritzen galten als Krönung des Feuerlöschgerätebaues vor Einführung der Verbrennungskraftmaschinen. Pferdegezogen, und später die Dampfkraft auch zur eigenen Fortbewegung nutzend, waren sie den personalaufwendigen Handdruckspritzen weit überlegen. Nicht gerade billig, pflegeaufwendig und zur schnellen Einsatzbereitschaft ständig unter Dampf, konnten sich zumeist nur größere Städte mit Berufsfeuerwehren so eine Dampfspritze leisten. Dieses Modell, welches der Feuerwehr Dresden gehörte, war sicher eine der letzten Dampfspritzen, die hergestellt wurden. Das Automobil hatte schon seinen Siegeszug in den Feuerwehren angetreten. Als Zugeständnis daran wurde dieser Spritze auch das Aussehen eines Autos verliehen, doch in Wahrheit ist der Platz unter der imitierten Motorhaube leer. Den letzten richtigen Einsatz hatte diese Dampfspritze nach dem Zweiten Weltkrieg, wo sie als Zugmaschine zur Trümmerbeseitigung in Dresden herangezogen wurde. Jetzt gehört sie dem Museum für Geschichte der Stadt Dresden. Die AG "Feuerwehrhistorik" Riesa hat ihre Pflege übernommen.

Automobildrehleiter (Baujahr 1913)
Bildautor: Ralf Weinreich

Hersteller: **Benzwerke Gaggenau;** Drehleiter: **C. D. Magirus, Ulm;** Technische Daten: **Vierzylinder, Viertakt-Otto-Motor (Sackmotor, Zylinderblock und Zylinderkopf aus einem Guß);** Höchstgeschwindigkeit: **50-60 km/h**

Von der Freiwilligen Feuerwehr Torgau wurde diese Rarität bis in die heutige Zeit erhalten, teilweise restauriert und zum 125 jährigen Bestehen 1989 wieder der Öffentlichkeit präsentiert. Für uns sicher schwer vorstellbar, wie solch ein Gefährt mit Hartgummibereifung, auch Elastikreifen genannt, zum Brandort raste. Der Leiterpark wurde von gesonderten Bleiakkumulatoren gespeisten Elektromotoren aufgerichtet, gedreht und ausgefahren, konnte aber auch von Hand bedient werden. Die fünf 16-V-Batterien wurden von der Lichtmaschine wieder aufgeladen. Erster Zulassungsort war Leipzig, später kam das Fahrzeug nach Eilenburg.

Oben:
Autospritze Mercedes
(Baujahr 1925)
Bildautor: Ralf Weinreich

Hersteller:
Daimler-Motorengesellschaft, Zweigniederlassung Berlin Marienfelde
Technische Daten:
Vierzyl., Viertakt-Otto-Motor
Höchstgeschwindigkeit: **50-60 km/h**

Etwas aus dem Rahmen gefallen erscheint der Anblick dieser hochkantigen Autospritze. Gut geschützt sind die Geräte in den diversen Kästen des Aufbaus untergebracht. Die Mannschaft dagegen mußte auf den Hochsitzen Wind und Wetter Paroli bieten. Die gut erkennbaren Lederschlaufen dienten zum Einhängen je eines Armes. Somit sollte verhindert werden, daß die Löschmänner bei Kurvenfahrten vom Fahrzeug fielen. Am Rahmenende befindet sich die 1500 l · min^{-1} fördernde Heckpumpe der Firma Ehrhard & Seume, Saarbrücken. Diese dreistufige Heckpumpe förderte immerhin 1500 l · min^{-1} Löschwasser. Für Schnellangriffe ist im Fahrzeug ein 1000 l fassender Wassertank eingebaut. Dieses seltene Fahrzeug ist im Besitz der FFw Torgau.

Rechte Seite oben:
Mannschaftstransportwagen Chrysler (Baujahr 1928)
Bildautor: Rudolf Heym

Hersteller:
Chrysler Comp., Berlin-Johannistal
Technische Daten:
Sechszyl., Viertakt-Otto-Motor
Leistung: **ca. 28 PS**
Höchstgeschwindigkeit: **80 km/h**

Um Kraftstoff zu sparen und einheimischen, modernen Pkw eine Chance zu geben, beschloß man 1933 in Deutschland, die Steuern für großvolumige Fahrzeuge drastisch zu erhöhen. Weil die Pkw aus den 20er Jahren aber für die Ewigkeit gemacht zu sein schienen, war es unwirtschaftlich, diese zu verschrotten. Daher beschloß man gleichzeitig eine Steuerbefreiung für Dienstfahrzeuge. Die Folge: viele der großen Pkw wurden zu Krankenwagen, Kleinlastwagen und Feuerwehrfahrzeugen umgebaut – dieser Chrysler zu einem Mannschaftstransportwagen. Das Fahrzeug bietet zehn Feuerwehrmännern Platz – unter den Sitzbänken die feuerwehrtechnische Ausrüstung – und wird von der Werksfeuerwehr der Kammgarnspinnerei Schweina/Thüringen erhalten.

Rechte Seite unten:
Autospritze Opel 1,5
(Baujahr 1928)
Bildautor: Ralf Weinreich

Hersteller:
Adam-Opel-AG, Rüsselsheim
Aufbau: **E. C. Flader, Jöhstadt i. S.**
Technische Daten: **Vierzylinder, Viertakt-Otto-Motor**, **2594 ccm**
Leistung: **40 PS**
Höchstgeschwindigkeit: **65 km/h**

Ein typisches Fahrzeug der Feuerwehr in den 20er Jahren stellt diese Opel-Autospritze dar. Die bedeutende Feuerlöschgerätefabrik Falder in Jöhstadt baute auf serienmäßig vorhandene Fahrgestelle ihre Aufbauten sowie Pumpen. Für den Mannschafts- und Gerätetransport von kleineren Feuerwehren stellte dieses Fahrzeug einen echten Fortschritt im Löschwesen dar. Die recht winzig anmutende Vorbaupumpe lieferte immerhin 800 l Löschwasser in der Minute. Die mitgeführte fahrbare B-Schlauchhaspel sicherte eine Wasserförderung über 160 m. Selbst eine schnelle nachbarliche Löschhilfe war kein Problem mehr. Der bescheidene Aufbau hielt die Anschaffungskosten in Grenzen. Diese Autospritze gehörte seit jeher der FFw Gaschwitz bei Leipzig.

TJ67-68

Linke Seite oben:
Mannschafts- und Gerätewagen Horch 853 (Baujahr 1935)
Bildautor: Ralf Weinreich

Hersteller:
Horch-Werke AG, Zwickau
Aufbau: **Eigenaufbau**
Technische Daten: **Achtzylinder, Viertakt-Otto-Motor, 4944 ccm**
Leistung: **100 PS**

Ein Schmuckstück im Löschzug der Zwickauer Horch-Werke ist dieser Mannschafts- und Gerätewagen. Auf gleiche Weise entstanden wie sein Bruder, der als Kraftspritze den Brandbekämpfern zu dienen hatte, blieb er uns bis heute erhalten und betriebsbereit. Beim Anblick dieser Fahrzeuge empfindet man schon den Luxus dieser Kategorie, die nicht für jedermann zu erschwingen war. Daß solche exotischen Fahrzeuge die Zeiten bis heute überstanden haben, dürfte vor allen Dingen der Tatsache zuzuschreiben sein, daß sie bei der Feuerwehr im Einsatz waren. Ständige Pflege und eine geringe Laufleistung haben uns so manches Feuerwehrfahrzeug erhalten.

Linke Seite unten:
KS 25 Horch 853
(Baujahr 1935)
Bildautor: Ralf Weinreich

Hersteller:
Horch-Werke AG, Zwickau
Aufbau: **Eigenaufbau**
Technische Daten: **Achtzylinder, Viertakt-Otto-Motor, 4944 ccm**
Leistung: **100 PS**

Eigentlich viel zu schön, um nur ein Feuerwehrfahrzeug zu sein, ist dieser Horch aus Zwickau. Als Werksmodell zur Serienentwicklung gebaut, erfolgte sein Umbau zur Spritze 1937. Daß dabei Spezialisten tätig waren, zeigen die solide Ausführung des Spezialaufbaus und die vorgebaute Pumpe von der Firma Flader, mit der beachtliche 2500 l · min^{-1} in die Schlauchabteilung gedrückt werden konnten. Das gute Stück war nebst einem inzwischen verschrotteten Zwillingsbruder bis 1963 im Einsatz. Von den Feuerwehrmännern im Automobilwerk Sachsenring gepflegt, läßt es bei jedem Festzug die Herzen der Fans weich werden wie Wachs.

Unten:
Kraftfahrdrehleiter 20 m Büssing NAG 300l (Baujahr 1931)
Bildautor: Ralf Weinreich

Hersteller:
Büssing
Leiter: **C. D. Magirus, Ulm**
Technische Daten: **Sechszylinder, Viertakt-Otto-Motor, 3963 ccm**
Leistung: **70 PS**

Ein weiterer Eigenumbau der damaligen Autounion AG in Zwickau ist diese Kraftfahrdrehleiter. Der ehemalige Rennwagentransporter war wohl nicht mehr schnell genug, um die Zwickauer Silberpfeile von Wettkampfstätte zu Wettkampfstätte zu bringen. So nutzte man den Wagen mit seinem tiefliegenden Fahrgestell für die werkseigene Feuerwehr. Der auf 20 m ausziehbare Leiterpark gestattete eine Steighöhe von 15 m, die innerbetrieblichen Anforderungen durchaus gerecht wurde. Der Umbau erfolgte 1937. In seinem tadellosen Zustand erhalten, wird diese Drehleiter heute noch von den Feuerwehrleuten des jetzigen Automobilwerkes Zwickau gepflegt.

LF 15 Opel 3,6 (Baujahr 1944/54)
Bildautor: Detlef Nase

Hersteller: **Adam-Opel AG;** Aufbau: **VEB Feuerlöschgerätewerk Jöhstadt;** Technische Daten: **Sechszylinder, Viertakt-Otto-Motor von Maybach;** Leistung: **100 PS;** Höchstgeschwindigkeit: **65 km/h**

Dieses LF 15 ist eine der vielfältigen Umbauten, die nach dem Zweiten Weltkrieg von den Feuerwehren vorgenommen wurden. Die Bedürfnisse der Feuerwehren nach Löschfahrzeugen konnten industriell noch nicht gesichert werden. So wurden alte, intakte Lkw-Fahrgestelle in den Feuerlöschgerätewerken zu Löschfahrzeugen umgebaut. Hier entstand auf einem ehemaligen Geländewagenfahrgestell von Opel ein recht gelungener Mischling. Statt des Original-Opel-Motors wurde ein Maybach-Motor, wie er vor allem in Schützenpanzerwagen und Sturmbooten zu finden war, eingebaut und mit einer 1500 $l \cdot min^{-1}$ leistenden Flader-Vorbaupumpe gekoppelt. Vorbaupumpen wurden in der Regel immer dann eingebaut, wenn beim vorhandenen Fahrzeuggetriebe keine Antriebsmöglichkeit für eine Heckpumpe vorhanden war. So wurde direkt das freie Kurbelwellenende des Motors genutzt. Immerhin ist dieses Fahrzeug noch heute einsatzbereit und wird von der FFw Pockau betriebsfähig erhalten.

LF 15 Opel 3,6 (Baujahr 1940)
Bildautor: Ralf Weinreich

Hersteller: **Adam-Opel-AG, Brandenburg;** Aufbau: **VEB Feuerlöschgerätewerk Jöhstadt;** Technische Daten: **Sechszylinder, Viertakt-Otto-Motor;** Leistung: **100 PS;** Höchstgeschwindigkeit: **70 km/h**

Das ist ebenfalls eines der Fahrzeuge, die der Not gehorchend aus Altbeständen, ähnlich dem LF15 aus Pockau, selbstgestrickt werden mußten. Das Basisfahrzeug der 3,6-l-Opel wurde für Kriegszwecke mit den unterschiedlichsten Aufbauten, vor allem aber als Lkw, in hohen Stückzahlen gebaut. Der leistungsfähige Sechszylindermotor war recht geeignet für ein startfreudiges und relativ schnelles Feuerwehrfahrzeug. Besonders in gebirgigen Gegenden bewährten sich diese Fahrzeuge, so auch das abgebildete LF, welches im Osterzgebirge fuhr. Vor Jahren als Ersatzteilspender zur Verschrottung vorgesehen, wird es noch heute von den Angehörigen der FFw Frauenstein erhalten.

Oben:
LDL Opel 2,5
(Baujahr 1939)
Bildautor: Ralf Weinreich

Hersteller:
Adam-Opel-AG, Brandenburg
Drehleiter: **Carl Metz, Karlsruhe**
Technische Daten: **Sechszylinder, Viertakt-Otto-Motor, 2473 ccm**
Leistung: **55 PS**
Höchstgeschwindigkeit: **90 km/h**

Leitern aller Art sind unverzichtbare Requisiten der Feuerwehr. Seit Einführung des Automobils wurde dieses Gerät darauf montiert. Ab Mitte der dreißiger Jahre wichen die Holzleiterparks denen aus Metall. In Deutschland sind traditionell die Firmen Magirus in Ulm und Metz in Karlsruhe prädestinierte Drehleiterhersteller. Die Normung im Feuerwehrfahrzeugbau ab 1939 sah auch die "Leichte Drehleiter" mit 17 m Steighöhe vor. Auf Fahrgestellen von Opel oder Mercedes wurden nur etwa 60 Stück dieser LDL gebaut. Dieses seltene Exemplar gehört der FFw Zwenkau bei Leipzig.

Rechte Seite oben:
FLKs15 Opel 3,6
(Baujahr 1940)
Bildautor: Ralf Weinreich

Hersteller:
Adam-Opel-AG, Brandenburg
Aufbau: **C. D. Magirus-Werke, Ulm**
Technische Daten: **Sechszylinder, Viertakt-Otto-Motor, 3626 ccm**
Leistung: **75 PS**
Höchstgeschwindigkeit: **80 km/h**

Die Entwicklung und der Bau von Feuerwehrfahrzeugen verlief in den dreißiger Jahren zweigleisig. Außer dem Reichsinnenministerium, welches für die Feuerwehren zuständig war, wirkte das Reichsluftfahrtministerium ebenfalls an der Herstellung von Löschtechnik. Diese war als Maßnahme des Luftschutzes konzipiert und sicherte auch die Feuerlöschtechnik der Luftwaffe. Daraus resultierten die anderen Bezeichnungen, z. B. "Fliegerkraftspritze 15". Diese Bezeichnungen wurden ab 1943 vereinheitlicht. Als Löschgruppenfahrzeug mit eingebauter Heckpumpe und einem 300-l-Wassertank für Schnellangriffe, bzw. zum Füllen von Saugleitungen, entsprach es allen anderen Löschfahrzeugen. Zuletzt bei der FFw Niederwiesa eingesetzt. Dort wird es heute gepflegt und soll wieder in das Luftwaffen-Blaugrau versetzt werden .

Rechte Seite unten:
KzS8 Mercedes-Benz L 1500
(Baujahr 1939)
Bildautor: Ralf Weinreich

Hersteller:
Daimler-Benz, Stuttgart
Aufbau: **Carl Metz, Karlsruhe**
Technische Daten: **Sechszylinder, Viertakt-Otto-Motor, 2300 ccm**
Leistung: **45 PS**
Höchstgeschwindigkeit: **70 km/h**

Als Fahrzeug des Luftschutzes bestand die "Kraftzugspritze" aus einem Zugfahrzeug und dem Tragkraftspritzenanhänger. Auf dem eigenwilligen Aufbau saß die Mannschaft längs zur Fahrtrichtung, der Einstieg erfolgte rückseitig. Ein Segeltuchverdeck konnte über die Mannschaftssitze gezogen werden und bot einen behelfsmäßigen Wetterschutz. In den Seitenkästen unter den Leitern wurde weiteres Gerät untergebracht. Eine blaue Vorsteckscheibe vor dem Arbeitsscheinwerfer galt als optisches Sondersignal. Die Fahrzeuge wurden von 1937 bis 1939 gebaut. Für Kraftzugspritzen des Luftschutzes wurden nur Opel-Blitz 1 t und später Opel-Blitz 1,5 t verwendet. KzS8 auf Mercedes-Fahrgestellen wurden von kommunalen Feuerwehren beschafft. Eines gehört zum Bestand des Feuerwehrmuseums in Grethen, Kreis Grimme.

TD 76-69

III-1939

Bismark
HB 37-04

Linke Seite oben:
KS25 Mercedes-Benz L 3750
(Baujahr 1939)
Bildautor: Ralf Weinreich

Hersteller:
Daimler-Benz, Stuttgart
Aufbau: **Carl Metz, Karlsruhe**
Technische Daten: **Sechszylinder, Viertakt-Otto-Motor; 7274 ccm**
Leistung: **100 PS**
Höchstgeschwindigkeit: **80 km/h**

Immer wieder beeindruckend sind die monströsen Löschfahrzeuge, die entsprechend ihres Baujahres unter den Bezeichnungen KS25, GLG oder LF25 in den Feuerwehren ihren Dienst versahen. Mit einer umfassenden Ausstattung an Geräten für den Löscheinsatz, Hilfeleistungen und Rettungsarbeiten, sowie der Heckpumpe mit Förderleistungen bis 2500 $l \cdot min^{-1}$, versahen Fahrzeuge dieser Art noch viele Jahre nach ihrer Herstellung den Dienst. Feuerwehrfahrzeuge solcher Dimensionen wurden viele Jahre nicht mehr gebaut. Der halboffene Pumpstand entspricht dem Original, oft wurde dieser bei Generalreparaturen mit Türen versehen. Bestand der Arbeitsgemeinschaft "Feuerwehrhistorik" Stendal.

Linke Seite unten:
Löschfahrzeug 10 Mercedes-Benz
(Baujahr 1928)
Bildautor: Ralf Weinreich

Hersteller: **Daimler-Benz-AG Gaggenau Typ L 1/6**
Aufbau: **Koebe, Luckenwalde**
Technische Daten: **Sechszylinder-Viertakt-Otto-Motor**
Leistung: **50 PS**
Höchstgeschwindigkeit: **80 km/h**

Bezeichnungen wie Autospritze oder Mannschafts- und Spritzenwagen wurden verwandt, um Fahrzeuge dieser Art zu benennen. Zu den seit jeher profilierten Feuerwehrfahrzeugherstellern gehörte die Daimler-Benz AG. Die Aufbauten wurden zum Teil selbst gefertigt. Mit einer eingebauten Heckpumpe, die 1000 $l \cdot min^{-1}$ Förderleistung brachte, konnte eine Löschgruppe nebst Gerätschaften schnell und zuverlässig zur Einsatzstelle gelangen. Die offene Bauweise war zu dieser Zeit noch bevorzugt, ein Segeltuchverdeck schützte die Mannschaft vor den ärgsten Witterungseinflüssen. Dieses LF ist als Traditionsfahrzeug bei der FFw Zeuthen stationiert, nachdem es dort bis 1958 im Einsatz war.

Unten:
KS25 MAN Typ D1
(Baujahr 1936)
Bildautor: Ralf Weinreich

Hersteller: **Maschinenfabrik Augsburg-Nürnberg (MAN)**
Aufbau: **Fischer, Görlitz**
Technische Daten: **Vierzylinder, Viertakt-Diesel-Motor, 7274 ccm**
Leistung: **80 PS**
Höchstgeschwindigkeit: **75 km/h**

Eine Entwicklung des Reichsluftfahrtministeriums ab 1934 waren die größeren "Kraftspritzen 25", die immerhin mit einer Pumpleistung von 2500 $l \cdot min^{-1}$ bedeutende Löschwassermengen fördern konnten. Ab 1936 als Luftschutz-Kraftspritzen be-zeichnet, entstanden sie auf Fahrgestellen mit 3,5 bis 4,5 t Tragfähigkeit und kamen in größeren Orten zum Einsatz. Mit diesen Fahrzeugen wurde eine komplette Löschgruppe in der Stärke 1:8 und alles für einen Löscheinsatz benötigte Gerät befördert. Dieses Fahrzeug wird in der FFw Pulsnitz als Traditionsfahrzeug erhalten. In seiner originalen dunkelroten Lackierung ist es stets ein Schmuckstück von Festzügen und Ausstellungen.

Autospritze Magirus M25

(Baujahr 1932)
Bildautor: Ralf Weinreich

Hersteller: **Magirus, Ulm**
Technische Daten: **Sechszylinder-Viertakt-Otto-Motor, 4562 ccm**
Leistung: **66 PS**
Höchstgeschwindigkeit: **70 km/h**

Dieses Fahrzeug ist mit einer Vorbaupumpe ausgestattet. In traditionell offener Bauweise beförderte dieses Fahrzeug Mannschaften und Geräte, obwohl aufgrund des kalten Winters 1928/29 zunehmend geschlossene Fahrerhäuser zum besseren Schutz der Mannschaft aufkamen. Als Sondersignale wurden von Hand zu bedienende Glocken verwandt. Dieser Magirus gehört der Freiwilligen Feuerwehr Rothenburg.

Mannschafts- und Gerätewagen Hansa-Lloyd Europa III
(Baujahr 1934)
Bildautor: Ralf Weinreich

Hersteller: **Hansa-Lloyd Bremen;**
Technische Daten: **Sechszylinder-Viertakt-Otto-Motor; 4430 ccm;**
Leistung: **70 PS;**
Höchstgeschwindigkeit: **60 km/h**

Hansa-Lloyd der ehemaligen Zukkerfabrik Stavenhagen, dem heutigen Kartoffelveredlungswerk. Er blieb im wesentlichen original erhalten. Das in der Mitte des Fahrzeugdaches angebrachte blaue Kennlicht entsprach der Vorschrift vom 7. Mai 1938 zur Ausstattung mit Sondersignalen. Die Saugleistung und weiteres Gerät konnten in den geschlossenen Trittbrettkästen geschickt untergebracht werden.

Löschfahrzeug mit TS8 LF - TS8 Opel-Blitz Typ 2,5-32
(Baujahr 1939)
Bildautor: Ralf Weinreich

Hersteller: **Opel, Rüsselsheim**
Technische Daten: **Sechszylinder-Viertakt-Otto-Motor, 2473 ccm**
Leistung: **53 PS**
Höchstgeschwindigkeit: **80 km/h**

Dieses Opel-Löschfahrzeug entsprach schon modernen Gesichtspunkten. Eine geschlossene Mannschaftskabine, die eingeschobene Tragkraftspritze und diverse Ausrüstungsgegenstände ließen es als bewegliches Feuerwehr- bzw. Einsatzfahrzeug nutzbar werden. Vor allem in kleineren Städten und Betrieben sowie Gemeinden konnte es für die Brandbekämpfung sowie zur Durchführung von Hilfeleistungen eingesetzt werden.

Werk-Feuerwehr
Zuckerfabrik
Stavenhagen
CS 60-43

RH 33-51

Löschfahrzeug mit TS8 Styr 1500 A/02 (Baujahr 1944/50)
Bildautor: Ralf Weinreich

Technische Daten: **Achtzylinder-Viertakt-Otto-Motor mit V-Anordnung;** Hubraum: **3517 ccm;** Leistung: **85 PS;** Höchstgeschwindigkeit: **90 km/h**

Ende 1944 kam der Bau von Löschfahrzeugen völlig zum Erliegen. Das herannahende Ende des Zweiten Weltkrieges und der Untergang des deutschen Faschismus machte die Krise in allen Bereichen sichtbar. Bei den letzten Ausführungen der Feuerwehrfahrzeuge wurde nicht nur auf bestimmtes Zubehör verzichtet – die Karosserien wurden mit Preßpappe anstatt Blech verkleidet. Nach der Befreiung fehlte es überall an geeigneten Löschgeräten und Fahrzeugen. Wie verantwortungsbewußte Feuerwehrleute in Lauterbach/Erzgebirge demonstrierten, wurden auch anderswo ehemalige Militärfahrzeuge umgebaut. Dieser Steyr war einst als Wehrmachtskübelwagen gebaut worden. In ungezählten Stunden schufen fleißige Hände ein ansehenswertes Löschfahrzeug, welches noch bis in die siebziger Jahre seinen Dienst in der FFw Lauterbach verrichtete. Heute ist es ein Stück technischer Zeitgeschichte, welches als Traditionsfahrzeug an diese schweren Anfangsjahre erinnert.

Tanklöschfahrzeug TLF15 Opel-Blitz 3,6- 6700 A (Baujahr 1944)
Bildautor: Ralf Weinreich

Technische Daten: **Sechszylinder-Viertakt-Benzinmotor**; Hubraum: **3626 ccm;** Leistung: **68 PS;** Höchstgeschwindigkeit: **80 km/h**

Tanklöschfahrzeuge gehören heute zur Standardausrüstung aller größeren Feuerwehren. Im Ersteinsatz kann mit dem mitgeführten Löschwasser ohne Verzögerung die Brandbekämpfung aufgenommen werden. Das erste Tanklöschfahrzeug in Deutschland wurde bereits 1909 entwickelt, die TLF kamen aber nie in größeren Stückzahlen heraus. Vorrangig auf Flugplätzen wurden solche Fahrzeuge schon in den dreißiger Jahren eingesetzt. Nach Ausbruch des Zweiten Weltkrieges mit seinen Folgen für Deutschland wurden bei Bombardements auch Hydrantleitungen zerstört. Das führte zum eiligen Bau von Tanklöschfahrzeugen. Der mitgeführte Wasservorrat von 2500 l konnte über eine fest eingebaute Pumpe mittels Schnellangriffseinrichtung auf Brandstellen eingebracht werden.

Oben:
Leichtes Löschgruppenfahrzeug LLG Mercedes-Benz L 1500 S
(Baujahr 1942)
Bildautor Ralf Weinreich

Technische Daten: **Sechszyl.-Viertakt-Otto-Motor, 2600 ccm**
Leistung: **60 PS**
Höchstgeschwindigkeit: 80 km/h

Vor allem für Gemeinden, Stadtrandgebiete und kleinere Werke war das als Mannschafts- und Gerätewagen mit einem Tragkraftspritzenanhänger (TSA) ergänzte Fahrzeug gedacht. Für eine Löschgruppe waren die mitgeführten Geräte des TSA um vier Steckleiterteile, einen Einreißhaken, eine Krankentrage, Gerätekästen sowie Schläuche und wasserführende Armaturen ergänzt. Etwa 3 850 Exemplare wurden gebaut. Dieses Fahrzeug war in Schmiedeberg und Sadisdorf bis 1974 eingesetzt. 1978 von der AG "Feuerwehrhistorik" Riesa übernommen, wurde es in ca. 1 000 Stunden originalgetreu restauriert.

Rechte Seite oben:
Tanklöschfahrzeug TLF 15 Klöckner-Deutz S 3000
(Baujahr 1943)
Bildautor: Ralf Weinreich

Technische Daten: **Vierzyl.-Viertakt-Dieselmotor, 4941 ccm**
Leistung: **80 PS**
Höchstgeschwindigkeit: 85 km/h

Mit dem serienmäßigen Bau von Tanklöschfahrzeugen für die Feuerlöschpolizei wurde 1943 auf zugelassene, für militärische Zwecke konstruierte Fahrgestelle zurückgegriffen. Hauptsächlich 3,0-t-Fahrgestelle von Opel mit Allradantrieb oder Klöckner Deutz in Straßenausführung kamen zur Anwendung. Seltener erfolgten Aufbauten als Sonderanfertigungen auf größeren Fahrzeugen. Die Notwendigkeit, möglichst schnell viele Tankkraftspritzen zur Verfügung zu haben, erlaubte keine besondere Variante. Deshalb wurden normale Lkw-Fahrerhäuser und offen liegende Tanks mit außen angebrachten Geräten gebaut.

Rechte Seite unten:
Schweres Löschgruppenfahrzeug SLG Klöckner-Deutz S 3000
(Baujahr 1941)
Bildautor: Ralf Weinreich

Technische Daten: **Vierzyl.-Viertakt-Dieselmotor, 4941 ccm**
Leistung: **80 PS**
Höchstgeschwindigkeit: 85 km/h

Die Klöckner-Humboldt-Deutz-AG lieferte die 3,0-t-Lkw-Fahrgestelle für dieses SLG. Es war gleichermaßen ausgestattet und bestückt wie sein Konkurrent aus Gaggenau. Für Erstangriffsmöglichkeiten oder zur Bekämpfung von Entstehungsbränden stand ein fest eingebauter 400-l-Wassertank zur Verfügung. Ab 1939 kamen auch Stahlblechscheibenräder an den aufgeprotzten B-Schlauchkapseln auf. Dieses Fahrzeug gehört zum Bestand der AG "Feuerwehrhistorik" Riesa und wurde von Angehörigen der FFw Schmannewitz teilrestauriert.

SK 17-03

SK 71-75

Gasthof Erbgericht

Linke Seite oben:
Schweres Löschgruppenfahrzeug SLG Mercedes Benz L 3000 F
(Baujahr 1942)
Bildautor: Ralf Weinreich

Technische Daten: **Vierzylinder-Viertakt-Dieselmotor, 4849 ccm**
Leistung: **80 PS**
Höchstgeschwindigkeit: **80 km/h**

Weil die Kapazität der Feuerlöschgerätewerke für den kriegsbedingt hohen Bedarf an Feuerlöschfahrzeugen nicht ausreichte, mußte das Werk Sindelfingen der Daimler-Benz-AG auch Löschgruppenfahrzeuge LLG und SLG fertigen. Diese Fahrzeugart war für mittlere und größere Gemeinden sowie Werke vorgesehen; etwa 5 100 Stück wurden gefertigt. Die fest eingebaute Heckpumpe erbrachte eine Nennleistung von 1500 $l \cdot min^{-1}$. Eine vielfältigere Ausrüstung mit Werkzeug, Starkstromkasten, einer Schiebeleiter und Geräten zur Schaumerzeugung erweiterten die Einsatzmöglichkeiten gegenüber dem LLG. Das abgebildete Fahrzeug restaurierten Angehörige der FFw Burgstädt vorbildlich.

Linke Seite unten:
Großes Löschgruppenfahrzeug GLG Mercedes Benz L 4500 S
(Baujahr 1942)
Bildautor: Ralf Weinreich

Technische Daten: **Sechszylinder-Viertakt-Dieselmotor, 7274 ccm**
Leistung: **112 PS**
Höchstgeschwindigkeit: **70 km/h**

Fahrzeuge dieser Art wurden auf 4,5-t-Fahrgestelle aufgebaut. Zur Ausrüstung gegenüber dem SLG waren weitere Geräte in der Bestückung. Die im Fahrzeugheck eingebaute Pumpe lieferte eine Nennleistung von 2500 $l \cdot min^{-1}$. Der installierte Wassertank mit 1500 l Inhalt gestattete mit der vorhandenen Schnellangriffseinrichtung die sofortige Aufnahme der Brandbekämpfung bzw. Entstehungsbrände zu liquidieren. Im Einsatz waren diese Fahrzeuge hauptsächlich bei der Feuerschutzpolizei in großen Städten. Das hier gezeigte Fahrzeug restaurierten Angehörige der FFw Burgstädt.

Unten:
Kraftspritze 25 KS 25 Büssing-NAG 500
(Baujahr 1939)
Bildautor: Ralf Weinreich

Technische Daten: **Sechszylinder-Viertakt-Dieselmotor, 7413 ccm**
Leistung: **105 PS**
Höchstgeschwindigkeit: **68 km/h**

Für den Aufbau der großen Löschgruppenfahrzeuge und Kraftspritzen 25 waren Fahrgestelle der Firmen Daimler-Benz und Klöckner-Humboldt-Deutz vorgesehen. In Ausnahmefällen aber erfolgten Aufbauten auf anderen Fahrgestellen, wie hier des Büssing. Die Ausstattung war identisch mit denen anderer KS 25. Aus Gründen der vereinfachten Lagerhaltung und Instandsetzung und bestimmter Bindungen zu ausgewählten Firmen der Feuerlöschindustrie hielten sich große Städte vorzugsweise "ihre" Fahrzeuge. Lösch- und Sonderfahrzeuge auf Büssing-Basis waren z. B. in Leipzig besonders präsent. Bei dieser KS 25 wurde in den 50er Jahren der letzte Geräteraum mit Tür versehen, bei den KS 25 war er offen.

Oben:
Drehleiter 22 DL 22
Mercedes Benz 4500 S
(Baujahr 1942)
Bildautor: Ralf Weinreich

Technische Daten: **Sechszylinder-Viertakt-Dieselmotor, 7274 ccm**
Leistung: **112 PS**
Höchstgeschwindigkeit: **66 km/h**

Wie bei allen anderen Normfahrzeugen der 30er und 40er Jahre sind auch Drehleitern auf unterschiedlichen Unterbauten zu finden. So ließ das Luftfahrtministerium die Drehleitern für den Luftschutz 1940 mit einer Steighöhe von 26 m und von 1941 bis 1943 mit einer Steighöhe von 22 m, auch auf dem Fahrgestell des 4,5-t-Mercedes aufbauen. Damit entstanden Mercedes-Fahrzeuge mit Magirus-Aufbauten. Dieses Fahrzeug war bis 1981 im Dienst, seitdem ist es bei der FFw Auerbach.

Rechte Seite oben:
Kraftfahrdrehleiter 26 KL 26
Mercedes Benz L 3750
(Baujahr 1939)
Bildautor: Ralf Weinreich

Technische Daten: **Sechszylinder-Viertakt-Dieselmotor, 7274 ccm**
Leistung: **120 PS**
Höchstgeschwindigkeit: **80 km/h**

Drehleitern sind Inbegriffe von Feuerwehrfahrzeugen. Durch den aufgesetzten Leiterpark sehen sie gewichtiger aus als andere Einsatzfahrzeuge. Die hier abgebildete DL mit 26 m Steighöhe wurde von der FFw Werdau gepflegt und erhalten. Als Traditionsfahrzeug der Feuerwehr dokumentiert es ein Stück technischer Entwicklungsgeschichte und ist untrennbar mit der jüngeren Vergangenheit des Brandschutzes in unserer Republik verbunden.

Rechte Seite unten:
Kraftfahrdrehleiter 26 KL 26
Magirus M 45 L
(Baujahr 1937)
Bildautor: Ralf Weinreich

Technische Daten: **Sechszylinder-Viertakt-Dieselmotor, 7226 ccm**
Leistung: **110 PS**
Höchstgeschwindigkeit: **70 km/h**

Bis zu ihrer Vereinheitlichung als automobile Drehleitern oder Kraftfahrdrehleitern benannt, erfolgte der Aufbau der Drehleitern mit 26 m Steighöhe auf 3,75-t- und 4,5-t-Fahrgestellen. Die KL 22 und KL 26 waren von den hergestellten und genutzten Fahrzeugen am gebräuchlichsten. Etwa 210 Stück wurden gefertigt. Vorrangig zum Vortragen von Löschangriffen bzw. Rettungsmaßnahmen in größeren Höhen bestimmt, bewährten sie sich auch bei Hilfeleistungen aller Art.

FEUERWEHR
GERÄTEHAUS
TN 93-03

Große Drehleiter GLD Magirus FS 145 (Baujahr 1940)
Bildautor: Ralf Weinreich

Technische Daten: **Sechszylinder-Viertakt-Dieselmotor;** Hubraum: **9122 ccm;** Leistung: **125 PS;** Höchstgeschwindigkeit: **81 km/h mit Schnellgang**

Große Drehleitern gehörten schon zu ihrer Herstellungszeit zu den Ausnahmen im Drehleiterbau. Nur 40 Stück wurden überhaupt gefertigt. Versuche, Drehleitern mit 45 m Steighöhe zu bauen, wurden als für Feuerwehrzwecke ungeeignet abgebrochen. 32 m hohe Leitern stellte vorwiegend die Firma Metz in Karlsruhe her. Hauptsächlich wurden Fahrgestelle der Daimler-Benz AG für die Aufbauten verwendet. Der Werdegang dieser Drehleiter kann leider nicht lückenlos belegt werden. Das Fahrgestell, ursprünglich für einen Kraftspritzenaufbau produziert, wurde 1940 an das Oberkommando des Heeres geliefert. Der Leiterpark stammt aus dem Jahre 1937, sein Aufbau ist nicht mehr feststellbar. Für den Dienst in der Feuerwehr der DDR wurde das Fahrzeug umgebaut. Ein H6-Motor und Veränderungen der Trittbrettkästen sind erkennbar. Bis 1983 diente es in der FFw Riesa, danach wurde es von der AG "Feuerwehrhistorik" wieder in einen annähernd originalen Zustand zurückversetzt.

Neue Löschfahrzeug-Generation der Feuerwehr Hamburg

von Manfred Gihl

Die Feuerwehr Hamburg ist unter Kennern dafür bekannt, daß sie seit den fünfziger Jahren ausschließlich genormte Löschgruppenfahrzeuge beschaffte. Es gab – anders als bei manchen Berufsfeuerwehren – keine Sonderentwicklungen, abgesehen von Veränderungen bzw. Ergänzungen der feuerwehrtechnischen Beladung.

Und Hamburg war wohl die letzte Berufsfeuerwehr, die bis vor kurzem noch mit dem „klassischen“ Drei-Fahrzeug-Löschzug, bestehend aus TLF 16, DL 30 und LF 16 bzw. TLF 16/25, DLK 23-12 und LF 16/12, auf Vorschlag des Einsatzleitrechners bei der Schadensart „Feuer“ ausrückte. Da an jeder der 17 Feuerwachen ein Rüstwagen RW 1 stationiert war, der bei technischen Hilfeleistungen zusätzlich zum Löschzug ausrückte, bestand auch kein Bedarf, ein „Hilfeleistungslöschfahrzeug“ zu entwickeln.

Dieses Hamburger Konzept bewährte sich über drei Jahrzehnte lang. Im Zuge einer besseren Ressourcen- und Personalnutzung wurde 1994 mit der Umsetzung der beschlossenen „Fahrzeugkonzeption 2001“ begonnen. Sie bedeutet für den Bereich der Löschfahrzeuge, daß die bisherigen genormten Löschgruppenfahrzeuge LF 16/12 und Tanklöschfahrzeuge TLF 16/25 durch den Einheitstyp „HLF“ ersetzt werden. Die Abkürzung bedeutet (im Gegensatz zu anderen BF) nicht „Hilfeleistung“ , wie vielfach schon zu lesen war, sondern steht für „Hamburger“. Das „Hamburger Löschfahrzeug“ (HLF) basiert auf dem Typ LF 16/12 nach DIN 14530 Teil 11, ergänzt durch einen Schaum-Wasserwerfer und einen am Heck angebrachten Lichtmast. Beim Fahrgestell wurden bewährte Ausstattungen wie Allradantrieb und Automatikgetriebe beibehalten.

Der erste Auftrag über 7 HLF wurde Ende 1993 vergeben, und zwar an das Feuerlöschgerätewerk Luckenwalde GmbH (FGL). Zur Internationalen Feuerwehrausstellung „Der Rote Hahn“ 1994 in Hannover waren die ersten zwei HLF gerade noch rechtzeitig fertig geworden. Ein HLF war auf dem FGL-Stand, das andere auf dem Gemeinschaftsstand der Hansestädte Hamburg-Wismar-Rostock ausgestellt.

Dieses HLF sorgte – und das war durchaus beabsichtigt! – für reichlichen Gesprächsstoff unter den Besuchern. Es war nämlich entgegen jeder Normvorschrift knallgelb lackiert und rot beschriftet! So wurde dieses HLF zu einem Anziehungspunkt des gesamten Standes. Die spontanen Meinungsäußerungen von Feuerwehrangehörigen waren recht aufschlußreich, denn die postiven Beurteilungen („flottes Design, gute Sichtbarkeit“) überwogen dabei. Nur die „Normenjünger“ konnten sich mit der neuen Farbe nicht recht anfreunden.

Dabei ist die gelbe Lackierung ja keine Hamburger Erfindung. Außer in den USA gibt es in Skandinavien und der Schweiz gelbe Einsatzfahrzeuge bei den Feuerwehren; englische u.a. europäische Feuerwehrfahrzeuge sind zumindest mit gelben Folien (meist retro-reflektierend) auf ihrer roten Karosserie versehen, um die Erkennbarkeit unter ungünstigen Sichtverhältnissen zu erhöhen.

Das Hamburger Löschfahrzeug (HLF), das auf der Interschutz 1994 durch seine gelbe Farbe auffiel. Es ist eines von sieben HLF, die vom Feuerlöschgerätewerk Luckenwalde (FGL) auf dem Fahrgestell MB 1224 AF aufgebaut sind. Es ist der Landesfeuerwehrschule Hamburg (heute: Akademie für Rettungsdienst und Gefahrenabwehr) zugeteilt. Die Rückansicht zeigt den Lichtmast am Heck rechts und die Blitzleuchteneinheit zur Verkehrsabsicherung.

Seitens der Feuerwehr Hamburg war von vornherein nicht beabsichtigt, generell auf die gelbe Lackierung überzugehen, daran änderten auch die zustimmenden Kommentare nichts. Alle inzwischen ausgelieferten HLF präsentieren sich heute (wie alle anderen neuen Einsatzfahrzeuge) in roter Tagesleuchtfarbe (RAL 3024) mit gelber Beschriftung und Folienbeklebung. Für die Verwendung von retro-reflektierenden Folien ist eine Ausnahmegenehmigung erteilt worden. - Das gelbe HLF ist seither der Landesfeuerwehrschule Hamburg für Ausbildungszwecke zugewiesen.

Das Fahrgestell vom Typ Mercedes-Benz 1224 AF ist mit ABS und ASR ausgestattet. Als Antrieb dient der Sechszylinder-Reihenmotor OM 366 LA mit Abgasturbolader und Ladeluftkühlung, der 177 kW bei 2600/min leistet. Der Auspuff ist vor die Vorderachse verlegt. Das ZF-Automatikgetriebe ist vom Typ 4 HP 500 (Viergang). Die um 100 mm erhöhte Kabine bietet im Fahrerraum 2 Mann und im Mannschaftsraum 7 Mann Besatzung Platz.

Die löschtechnische Ausstattung umfaßt eine zweistufige Feuerlösch-Kreiselpumpe Typ R 240 von Rosenbauer, einen 1400-Liter-Löschwasserbehälter, eine Schnellangriffseinrichtung „Wasser" mit 60 m Druckschlauch DN 25, Sonderstrahlrohr Typ „Fogfighter" und einen Schaum-Wasserwerfer von Alco auf dem Dach. Im Geräteraum G 4 ist ein Zumischer Z 4 fest angeschlossen, an den ein 30 m-C-Druckschlauch mit Schaumrohr S 4 angekuppelt ist. Diese „Schnellangriffseinrichtung Schaum" wird von 2 tragbaren Schaummittelkanistern versorgt.

Ein Hamburger Löschfahrzeug (HLF) aus der FGL-Serie von 1994 in der Standard-Lackierung RAL 3024 mit retro-reflektierender Folienbeklebung und Beschriftung. Stationiert an Feuer- u. Rettungswache Süderelbe

Am Heck auf der rechten Seite befindet sich ein Kurbel-Lichtmast mit 2 Flutlichtscheinwerfern je 1000 W. Auffällig ist die gelbe Blitzleuchteneinheit („Tri-Blitz") an der Rückseite des Aufbaus als Verkehrssicherungseinrichtung. Die feuerwehrtechnische Beladung umfaßt, über die Normbeladung hinausgehend, ein aufrollbares Schlauchboot, einen Stromerzeuger 8 kVA, hydraulisches Spreiz- und Schneidgerät, Hebekissensatz, Notfallarztkoffer sowie einen umfangreichen Meßgerätesatz für Gefahrgut und Strahlenschutz.

Zeitgleich mit der Auftragsvergabe der 7 HLF für die Berufsfeuerwehr erfolgte die Beschaffung des Prototyps eines LF 16/12 für die Freiwillige Feuerwehr, ebenfalls auf dem Fahrgestell MB 1224 AF mit gleicher Ausstattung. Dieses Löschgruppenfahrzeug baute die Firma Ziegler. Der Aufbau ist weitgehend ähnlich, weist natürlich die Ziegler-typischen Eigenarten auf, z.B. die in die Dachgalerie integrierte Umfeldbeleuchtung. Als Feuerlösch-Kreiselpumpe kam die FP 16/8-2H von Ziegler zum Einbau. Der Löschwasserbehälter faßt 1600 Liter. Der Schaum-Wasserwerfer ist hier entfallen. Die feuerwehrtechnische Beladung ist – bis auf das Schlauchboot – nahezu identisch mit der Beladung der HLF für die Berufsfeuerwehr.

Nach erneuter Ausschreibung von „Hamburger Löschfahrzeugen“ auf Fahrgestell MB 1224 AF im Jahre 1995 konnte ein Auftrag über 10 weitere HLF ebenfalls an die Firma Ziegler erteilt werden. Gleichfalls bei Ziegler wurden 11 LF 16/12 für die Freiwilligen Feuerwehren bestellt. Hierfür diente der Prototyp von 1994 als Grundlage. Lediglich die Unterbringung der feuerwehrtechnischen Beladung ist geringfügig geändert worden.

Die Fahrgestelle sind wiederum vom Typ MB 1224 AF. Der Motor OM 366 LA entspricht den Anforderungen von „EURO 2“. Das Automatikgetriebe ist ein ZF 5 HP 500 (Fünfgang).

Die LF 16/12 unterscheiden sich äußerlich schon auf den ersten Blick von den HLF: sie besitzen keinen Schaum-Wasserwerfer und ihr Lichtmast ist statt am Heck mittig an der Stirnseite des Aufbaus angeordnet. Alle Löschfahrzeuge wurden bis Ende des Jahres 1996 ausgeliefert und in Dienst gestellt.

Prototyp des LF 16/12 von Ziegler (siehe auch die folgende Seite)

Indienststellung	Anzahl	Fahrgestell	Aufbau	Feuerlöschpumpe	Stationierung
1994	7	MB 1224 AF	FGL	Rosenbauer R 240	BF
1994	1	MB 1224 AF	Ziegler	Ziegler FP 16/8 - 2 H	FF
1995	10	MB 1224 AF	Ziegler	Ziegler FP 16/8 - 2 H	BF
1995/96	11	MB 1224 AF	Ziegler	Ziegler FP 16/8 - 2 H	FF

Der von Ziegler 1994 gebaute Prototyp des LF 16/12 für die Freiwilligen Feuerwehren Hamburgs. Die Umfeldbeleuchtung ist organisch in die Dachkante eingefügt. Der Lichtmast ist im vorderen Teil des Aufbaus angeordnet. Den Prototyp erhielt die FF Hamburg-Billstedt/Horn

Ein Hamburger Löschfahrzeug (HLF) der Bauserie 1995 von Ziegler. Stationiert an der Feuer- und Rettungswache Wandsbek. Unten: LF 16/12 der Freiwilligen Feuerwehr Hamburg-Eißendorf, gebaut von Ziegler auf MB 1224 AF.

Blitz-Karriere

Die Opel-Feuerwehrfahrzeuge

von Alexander Schmitz

Der kleine Ort Eickelborn in Westfalen war im Herbst des Jahres 1958 in heller Aufregung: Eine Serie von Bränden hatte seit Jahresbeginn den 2 500 Einwohner zählenden Ort in große Aufruhr versetzt. Eickelborn, seit Mitte der 70er Jahre eher bekannt durch die berühmt-berüchtigten Landeskrankenhäuser, in deren forensischer Abteilung sich stets diverse "Negativ-Berühmtheiten" aufhalten, war ausgangs der 50er Jahre ein blühender, von Agrarwirtschaft geprägter Ort unweit der Kreisstadt Lippstadt. Einzelhandelsgeschäfte, eine ländliche Sparkasse und ausufernde Gehöfte beherrschten das Bild.

Bedingt durch den heißen Sommer des Jahres 1954 hatte es vier Jahre zuvor bereits eine Brandserie gegeben, die nicht nur die Bevölkerung, sondern vorrangig auch die 28köpfige, selbstverständlich ausschließlich freiwillige Feuerwehr in Atem hielt.

Stroh-Selbstentzündungen in Schobern und Ställen, aber auch mittlere Waldbrände durch zum Teil achtlos fortgeworfene Glasflaschen hatten von Mai bis September 1954 für elf Tages- und 13 Nachteinsätze gesorgt. Vier Gehöfte waren restlos abgebrannt, obgleich Freiwillige Wehren der Nachbargemeinden Lippborg, Herzfeld und Oestinghausen stets in größter Eile den Floriansjüngern von Eickelborn zur Seite standen. Die Problematik lag zumeist darin, daß viele Landwirte im Kreis Lippstadt (anachronistisch zum langsamen Aufschwung und Ausbau des Kreisgebietes) bereits Ende der 40er Jahre größtenteils über erhebliche finanzielle Mittel verfüten und durch den Bau vieler landwirtschaftlicher Gebäude und die Errichtung großflächiger Felderzonen die oftmals bescheiden ausgestatteten Weh-

1936er Blitz 2,5-Tonner als LF mit Seilzugleiter Foto: Adam Opel AG

ren schlicht und ergreifend im Brandfall überforderten. So verfügte die heimatliche Feuerwehr des Ortes über eine mittlerweile recht veraltete 1933er Kraftspritze vom Typ "M 25", die Anfang der 30er Jahre von Magirus in großer Stückzahl hergestellt worden war. Eigentlich war die "M 25" bereits zum Zeitpunkt ihrer Fertigung nicht mehr so ganz auf der Höhe des technischen Fortschritts; längst war die "MO 30" entwickelt worden, die jedoch erheblich teurer war und in kleineren Dorfwehren nur selten Einzug hielt. Das Magirus-Erzeugnis erwies sich jedoch im Jahre 1954 (nun auch mittlerweile 21 Jahre alt...!) vor allem als zu langsam und mit zu geringer Wasservorratskapazität ausgestattet. Auch auf die, im Feuerwehreinsatz üblichen, plötzlichen Starts reagierte der betagte Sechszylinder (obgleich vom Kriegseinsatz verschont geblieben) zunehmend allergisch.

Nachdem das Einsatzjahr 1954 nicht zuletzt durch diese Mißstände recht negativ abgeschlossen worden war, wurde die Erkenntnis deutlich, daß im Großeinsatzgebiet Lippetal-Eickelborn-Lohe-Oestinghausen zumindest die größeren Orte mit neuen Fahrzeugen auszustatten seien. Die räumliche Nähe der einzelnen Gerä-tehäuser der Wehren gebot außerdem, möglichst ergänzende Neuanschaffungen zu tätigen, da vor allem in heißen Sommern Tanklöschfahrzeuge fehlten, die zumindest bei der primären Brandherdbekämpfung ein zu geringes Löschteichniveau neutralisieren konnten.

Da in den 50er Jahren bei weitem nicht die Bezuschussungsnormen späterer Jahrzehnte erreicht wurden, wurde auch die Bevölkerung ab 1954 aufgerufen, mittels Spenden für eine Beteiligung an den anfallenden Anschaffungskosten zu sorgen. 1955, 1956 und 1957 fanden auch Tombolafeste statt, die der ersehnten neuen Ausrüstung dienten und wohl den einen oder anderen Betrag sichern konnten.

Der Umstand, daß im Jahre 1958 erneut erhebliche Brände zu bekämpfen waren, hatte in positiver Hinsicht die Begleiterscheinung, daß zwischen April und Juli jenen Jahres nochmals 3 800 DM an Spenden und 9 000 DM an Zuschüssen garantiert waren. Somit wurde für September 1958 die Anschaffung eines neuen Fahrzeugs für die Freiweillige Feuerwehr Eickelborn sichergestellt. Die verantwortlichen Wehrmänner hatten nun die Qual der Wahl: Die finanziellen Mittel reichten für die Bestellung eines Ford FK 3500 D; eines Magirus-Deutz "Mercur 125", oder eines Opel "Blitz 1,75 t" mit Metz-Aufbau (LF8).

Nur wenig mehr Geldmittel wären für die Anschaffung eines Mercedes-Benz 311/36 mit Metz-Aufbau (TLF 16) vonnöten gewesen, die – schon damals – lange Lieferzeit hielt dann die Verantwortlichen in Eickelborn vom Kauf des Lkw mit dem Sternsymbol ab. Die schnelle Verfügbarkeit des Opel führte letztendlich zum Kauf des amerikanisch gestylten Eindreivierteltonners aus Rüsselsheim!

Daß anno 1958 der "Blitz" den Zuschlag erhalten hatte, reute 31 lange Jahre niemanden: Treu, zuverlässig und nahezu anspruchslos versah der stählerne Geselle seinen Dienst. Während aber die einstigen Konkurrenten in dieser Feuerwehr-Fahrzeugklasse auch in der heutigen Zeit noch für regelmäßige Präsenz in den Wehrgaragen und Gerätehäusern sorgen, wurde es Mitte der 60er Jahre recht still um Opel, ja, Ende der "60er" nahezu totenstill!

Grund genug, einmal Aufstieg und Fall der einst so bedeutenden Lkw-Marke Opel zu beleuchten: 1862 gründete der Schlosser Adam Opel in Rüsselsheim a. M. eine kleine Werkstatt und reparierte handwerklich Geräte und Kleinmaschinen aller Art. Sechs Jahre später begann er Nähmaschinen herzustellen. Mitte der 80er Jahre des 19. Jahrhunderts wurde damit begonnen, Fahrräder im großen Stil zu fertigen, die

Oben: **Der Evergreen: Metz-Blitz 1,5 t mit ausfahrbarer Drehleiter (1939-49)**
Unten: **Bachert-Aufbauten waren Anfang der 50er Jahre gefragt, hier ein 1,5 t-Doppelkabinen-Blitz**
Fotos: Adam Opel AG

Opel Blitz 1,5 t von ca. 1950 Foto: Eckhart Bartels

1951 er Blitz-Werksfeuerwehr Foto: Adam Opel

Blick 1951 in die Hallen der Opel-Werksfeuerwehr
Foto: Adam Opel AG

(ebenso wie die Nähmaschinen) in viele Länder exportiert wurden. Ab 1899 wurden erste "Motorkutschen" hergestellt, von deren Nachversionen etwa 1907 Nutzfahrzeugähnliche Varianten erstmals entstanden. Im Hochsommer des Jahres 1910 stellte die Adam Opel KG den ersten Serien-Lkw mit Dreitonner-Aufbau vor. Bedingt durch den Ersten Weltkrieg gelang es der Adam Opel KG, nahezu 5 000 "31/2"- bzw. "41/2"-Tonner herzustellen und an das Militär zu veräußern. Auch zwischen den Kriegen griffen Unternehmer, Gewerbetreibende und Großhändler auf die Opel-Lkw zurück, die ab 1931 "Blitz" hießen und (nicht zuletzt durch den amerikanischen Einfluß der "General Motors Corp.") sehr elegant gestylt waren. Im Jahre 1931 übernahmen die US-Amerikaner das Opel-Werk (mittlerweile zur AG mutiert) zu 100 Prozent, nachdem man 1928 bereits 80 Prozent aller neuen AG-Anteile übernommen hatte.

Bedingt durch die enorme Rezession jener Jahre, die auch die Opel-Übernahme seitens "GM" erst ermöglicht hatte, fielen die ersten Pläne, Feuerwehren mit den "Blitz"-Lkw auszurüsten, zunächst ins Wasser. Mit der Regierungsübernahme durch die Nationalsozialisten im Januar 1933 und der sehr rasch einsetzenden Konjunkturverbesserung erstrahlte auch der "Blitz" – mittlerweile in Brandenburg-Havel gefertigt – in enormem Glanz.

Mitte der 30er Jahre war Opel zum bedeutendsten Lkw-Produzenten des Deutschen Reiches aufgestiegen; die Zwei- bzw. Zweieinhalbtonner mit ihrem nahezu unzerstörbarem Sechszylindermotor und ihrer Stahl-Holz-Bauweise galten als absolut erste Wahl. Lediglich im Bereich der Feuerwehren hatten die "Blitz"-Lkw zwischen den beiden Weltkriegen kaum etwas zu melden: Mercedes-Benz, Magirus und NAG sowie Krupp und sogar Ford beherrschten die Szene.

Oben: **Opel Blitz 1,5 t mit Metz-Aufbau (1949)**
Unten : **1951er Blitz-Werksfeuerwehr (Aufbau von Bachert) mit Tragkraftspritze)** Fotos: Adam Opel AG

Oben: **German made, American styled: Bachert-Blitz 1,75 t als TLF (1952)**
Unten: **TLF 8 von 1952, Aufbau nicht bekannt**

Fotos: Adam Opel AG

Erst mit der militärischen Aufrüstung der Jahre ab 1937 gelangten einige Werks-Karosserie- und sogar Konkurrenzumbauten (z. B. von Magirus) in Feuerwehrhände. Vorrangig verwendete man den "2,5-t-Blitz", die kleinere Version des 1936er "Dreitonners", der mit 3,6-Liter-Sechszylinder (Typ wie "Admiral") ausgerüstet war und fast 100 km/h Spitzengeschwindigkeit erreichte.

1937/38 produzierte Opel die größere Variante des "Blitz" nahezu ausschließlich für militärische Zwecke. Die Privatkunden, die noch einen der "normalen" Lkw bekamen, lockten die NS-Machthaber mit großen Steuervorteilen, wenn eine Verpflichtung zum Abtritt an die Wehrmacht gleich bei Erhalt des Fahrzeugs abgegeben wurde. Im Zweiten Weltkrieg kamen die Opel-Lkw wiederum an allen Fronten, jedoch kaum als Feuerwehrfahrzeuge, zum Einsatz. Die einzigen nennenswerten Ausnahmen waren etwa 175 "Blitz"-Eineinhalbtonner als Löschkraftwagen mit Magirus- oder Rosenbaueraufbau. Einige ganz wenige Opel-Dreitonner mit Magirus-Löschfahrzeugaufbau (LF8 und TLF15) wurden vor Kriegsende ebenfalls noch "zusammengezimmert".

Nach dem Zweiten Weltkrieg ging es dann aufgrund der USA-Konzernhilfe für Opel trotz vielfältiger Zerstörungen und Teildemontagen (auch im Westen) rasch und steil bergauf. Sogar im Pkw-Sektor konnte die erste "Olympia"-Nachkriegsserie (1947) als Aufklärungs- und Einsatzleitwagen bei größeren Berufswehren Fuß fassen. Besser noch erging es dem "Blitz": Der Dreitonner-Lkw wurde in Lizenz als Daimler-Benz "L 701" von Mitte der Kriegszeit bis Ende der 40er Jahre in Stuttgart produziert, von 1950 bis 1954 schraubte man bei Opel in Rüsselsheim aus Restbeständen noch knapp 500 Einheiten, darunter auch Fahrgestelle für den Feuerwehrhersteller Metz, zusammen.

Blick ins Innere der 1952er 1,75 t

Fotos: Adam Opel AG

Oben: **1,75 t als LF mit großer Fachbestückung und TKSP, Aufbau Metz (1953-57)**

Foto: Adam Opel AG

Unten: **Blitz 1,9 t in TLF-Ausführung (1959-65)**

Foto: Eckermann/Bartels

Von der Motorisierung her blieb zunächst alles beim Alten: Zuverlässige Sechszylinder-Graugußmotoren taten ihren Dienst. Entlehnt waren diese Aggregate aus den Vorkriegsmodellen "Super 6" und "Admiral", in der Nachkriegszeit verwendete man 55 PS starke "Phase-1"-Motoren des Pkw-Typs "Kapitän". Nach und nach gab es geringfügige Leistungszuwächse auf 58 PS (1952/53) und 62 PS (1955/56). Während man im Zivilleben Opel´s "Blitzen" oft das Fehlen eines Dieselaggregates im Angebot ankreidete, hatte dies bei den Feuerwehrausrüstern keine oder nur eine sehr untergeordnete Bedeutung. Die mit heutigen Dieselmotoren nicht vergleichbaren 50er-Jahre-Dieselaggregate waren aufgrund ihrer extremen Schwerfälligkeit und ihres teilweise mangelhaften Winterstartverhaltens für den Wehreinsatz kaum denkbar, zumal der etwa 25-35-prozentige Einsparfaktor der Betriebskosten hier nicht von Interesse war.

So hatte im Feuerwehrsektor denn auch Opel ganz klar die Nase vorn: 1951 bereits wurden von Berufsfeuerwehren mehrerer Großstädte Neufahrzeuge geordert, da die 1938er "Blitz"-Serien", sofern sie überhaupt den Krieg überstanden hatten, für die neuen Kapazitäten nicht mehr ausreichten.

Mit dem immer stärkeren Anstieg der Konjunktur, dem Aufblühen der Bauwirtschaft, sowie der rasenden Ausbreitung der Industrialisierung der noch jungen BRD fanden die Groß-Lkw-Hersteller (MAN, Magirus-Deutz, Mercedes-Benz) ab etwa 1953 immer mehr Abnehmer ihrer schweren (und teuren!) Fahrzeuge! Bald waren auch bei den Berufswehren Giganten wie Magirus-Deutz "Mercur 125", Mercedes-Benz "L 6600" oder Borgward "B 2500" mit Gewichten von weit über 16 Tonnen und Längen von über 10 Metern Standard.

Den zahlenmäßig größeren, und daher ebenso lukrativen Markt für die Freiwilligen Feuerwehren beherrschten Hanomag und Opel, sowie - mit dem "Typ 2" - Volkswagen, die aber natürlich nicht im TLF- und LF-Bereich, sondern ausschließlich im Mannschaftstransporter- und Gerätetransporterbereich umgerüstet wurden.

Etwa Ende der 50er Jahre war dann bundesweit der dringendste Nachholbedarf nach Feuerwehrfahrzeugen gedeckt. Opel hatte in den kleineren und mittleren Baureihen einen Marktanteil von etwa 20-25 Prozent erzielen können; "Blitz"-Lkw waren als Tragkraftspritzen-, Löschgruppen-, Tanklösch-, Rüst-, Geräte-, Mannschafts- und Leiterfahrzeuge vertreten. Die 1954 vorgestellten Olympia "CarAVan"-Typen mit Pontonkarosserie und 1,5-Liter-Vierzylindermotor mit 40 (ab 1957 mit 45) PS Leistung gab es als Einsatzleitwagen und Notarzt-Einsatzfahrzeuge.

Nach den Werksferien 1957 wurden die Ponton "CarAVan"-Typen, die insgesamt zwischen 1953 und 1957 viermal ihr "Frontgesicht" gewechselt hatten, vom "P1 CarAVan" abgelöst, dessen größere, an den Detroiter Stil eng angelehnte Karosserie auch den Aufbau als Kranken-, Rettungs- und Kleingerätewagen erlaubte. Im August 1960 bot der Nachfolger "P2 CarAVan" nochmals größere Platzverhältnisse an, diese wurden (in geringer Stückzahl) auch als Gerätewagen zur Wasserrettung bei der BF Hamburg genutzt.

Vom im Frühjahr 1963 erschienenen Opel "Rekord A CarAVan" orderte die BF Hannover mehrere Exemplare als Einsatzleitwagen sowie als Notarzt-Einsatzfahrzeug. Seit 1959 konnten die – mittlerweile mit 45 PS bzw. 50 PS arg untermotorisierten – "CarAVan"-Modelle gegen einen geringfügigen Aufpreis (65 DM) auch mit dem 1700er-55-PS-Vierzylinder geordert werden, der zwar nur fünf Stundenkilometer mehr Geschwindigkeit, dafür aber deutlich besseren Durchzug bot. Bei den "Blitz"-Lkw entpuppte sich der 1,75 Tonner als letztes

Die Blitz-Löschfahrzeuge 1969-72

Fotos: Adam Opel AG

OPEL

Basis für ELW und LGW: 1961er Olympia-CarAVan oder Kastenwagen Foto: Archiv Bartels

richtiges Erfolgsmodell: 1959 stellten die Rüsselsheimer einen neuen, stark europäisierten Nachfolger vor, der bis 1965 gebaut wurde und in keiner Weise an die Erfolge der Vormodelle anknüpfen konnte. Vor allem die hausbackene, steil nach vorn abfallende Fronthaube - ein Mittelding aus Frontlenker und klassischer Haubenkonstruktion - fand wenig Anklang. Vor allem aber wurde Opel angekreidet, daß - wieder einmal! - ein wirtschaftlicher Dieselmotor nicht ins Programm aufgenommen worden war: Der neue "Blitz"-Motor bewegte die 1900 kg Nutzlast mit einem 70 PS starken, wieder vom "Kapitän" entlehnten, Phase-3-Motor mit 2,6 Litern Hubraum.

Die Feuerwehren, noch immer nicht sonderlich erpicht auf Dieselaggregate, orderten auch von diesem "Blitz"-Modell bundesweit einige tausend Stück mit Metz- oder Ziegler-Aufbau, vorrangig als Löschgruppenfahrzeug LF8 mit Seitenbeladung.

Mitte der 60er Jahre gab es für den "Blitz" ein erneutes Facelifting: Die berühmte, bullig-kantige Schnauze war entstanden – jedoch immer noch kein Dieselmotor zu haben. Die freie Wirtschaft quittierte dies mit starker Zurückhaltung, indes die Freiwilligen Feuerwehren orderten fleißig weiter, zumal das neue, vom "Rekord" entlehnte, 1,9-Liter-Vierzylinderaggregat bei gleicher PS-Leistung deutlich drehfreudiger und agiler zur Sache ging. Ideal für den vielschichtigen, nicht von Steuern und Verbrauchsproblemen geplagten Feuerwehralltag.

So wurde denn auch die letzte Dorffeuerwehr mit dem robusten Klein-Lkw versorgt: LF8-Aufbauten von Metz, Magirus (sogar mit Rolladen-Seitentüren!) und Ziegler beherrschten das Bild.

Das 1968 doch noch vorgestellte, vom Peugeot-Konzern entnommene, Vierzylinder-60-PS-Dieselaggregat kam bei der Deutschen Bundespost, kaum aber bei den Wehren zum Einsatz. Dies lag vorrangig an der Beschleunigung: Über eine halbe Minute benötigte der mit Dieselmotor ausgerüstete "Blitz" aus dem Stand auf 60 km/h.

Ende 1973 wurde das Sektorenfeld der General-Motors-Konzerne neu strukturiert. Die englische Firma Vauxhall übernahm die Lkw-Produktion; zwei Jahre später läuft der letzte deutsche Opel-Lkw vom Band. Während im Gegenzug Vauxhall nunmehr geringfügig veränderte Pkw-Modelle im Opel-Stil á la "Chevette" herausbringt, erscheint in Deutschland der englisch geprägte "Bedford-Blitz", der nicht ansatzweise an die echten Blitz-Erfolge anzuknüpfen vermag.

Auch die Feuerwehren, vorrangig die Wehren freiwilliger Organisationen, orderten diese Fahrzeuge nicht mehr und wandten sich der Konkurrenz in dieser Fahrzeugklasse, wie etwa den größeren Ford "Transit"- oder VW "LT"-Modellen zu.

So endete Mitte der 70er Jahre die Blitz-Karriere von Fahrzeugen im Klein- und Mittel-Lkw-Bereich fast unbemerkt.

Daten der Vierzylinder-"Car A Van"-Modelle

Typ	**1953-55**	**1956-57**	**P1**	**P2**	**A**	**B**
Motor	Vierzylinder-Viertakt-Vergasermotor, hängende Ventile					
Hubraum ccm	1488	1488	1488/1680	1488/1680	1488/1680	1492/1698/1897
Leistung PS	40	45	50/55	50/55	55/60	60/75/90
Verbrauch in l	10,5	10,5	10,5	10,5	10,5	11-13
Elektrik	6V,84 Ah	6V, 84 Ah	6V, 77 Ah	6V, 77 Ah	6V, 77 Ah	12V, 44 Ah
Oelinhalt in l	3,25	3,25	3,25	3,25	3,25	3,3
Kupplung	Einscheibenkupplung, trocken					
Getriebe	3+R	3+R	3+R	3+R/4+R	3+R/4+R	3+R/4+R
Bereifung	6,40-13	6,40-13	6,40-13	6,40-13	6,40-13	6,40 S-13
Bremsen	Gußstahltrommel					vorne Scheiben, hinten Trommel
Bremsfläche	823 cm^2	823 cm^2	823 cm^2	823 cm^2	823 cm^2	-
Gesamtgewicht	1530 kg	1530 kg	1535 kg	1535 kg	1600 kg	1600 kg
Nutzlast in t	0,5	0,5	0,55	0,53	0,6	0,6
Länge in m	4,26	4,23/4,28	4,43	4,52	4,51	4,50
Breite in m	1,63	1,63	1,61	1,64	1,70	1,70
Höhe in m	1,60	1,60	1,58	1,52	1,53	1,51
V max. km/h	118	118	125/130	124/129	130/135	133/146/158
Bauzeit	9/53-7/55	8/55-7/57	7/57-7/60	8/60-2/63	5/63-7/65	8/65-7/66

Daten der Sechszylinder-"Blitz"-Modelle

Typ	**1,5 t**	**3 t**	**1,75 t**	**1,75-2t**	**1,9t**
Motor	Sechszylinder-Viertakt-Vergasermotor, hängende Ventile				
Hubraum ccm	2473	3417	2473	2473	2605
Leistung PS	55	64	58	62	70
Verbrauch in l	14	18	14	13,5	14,7
Elektrik	6V, 75 Ah	6V, 90 Ah	6V, 84 Ah	6V, 84 Ah	6V, 77 Ah
Oelinhalt in l	4	6	4,5	4	3,9
Kupplung	Einscheibenkupplung, trocken				Einscheibenfeder
Getriebe	4+R	5+R	4+R	4+R	4+R
Bereifung	6,00-18	190-20	6,00-18	6,00-18	6,00-18
Bremsen	Gußstahltrommel				
Bremsfläche	1540 cm^2	1620 cm^2	1425 cm^2	1425 cm^2	1425 cm^2
Gesamtgewicht	3,2 t	5,7 t	3,6-3,8 t	3,8 t	3,8 t
Nutzlast in t	1,5	3,2	1,83-1,94	1,9-2,0	1,77-1,85
Länge in m	5,66	6,02	5,80	5,72-6,22	5,27-6,17
Breite in m	2,08	2,22	2,10	2,12	2,07
Höhe in m	2,45	2,55	2,42	2,30-2,55	2,48
V max. km/h	95	90	85-100	95	95
Bauzeit	ab 1946	ab 1936 (als "S" 1950)	1952-55	1955-60	1959-65

1,9 t Blitz ab 1969 mit Ziegler-Aufbau
Foto: Adam Opel AG

M
Flughafen
München